Comprendre
et appliquer
Sun Tzu

Polia Éditions : relions les savoirs

À l'heure de la globalisation et des réseaux planétaires d'information, la question de l'interculturalité revient sans cesse dans les discours et les préoccupations des entreprises. S'implanter en Chine, développer une franchise à Dubaï, ouvrir un bureau à Miami, ou racheter un constructeur automobile japonais n'est pas mince affaire. Et ceux qui l'ont pris à la légère ont connu des échecs retentissants. Mais l'interculturalité n'est pas limitée aux rapports entre les peuples : les mêmes difficultés de communication se posent aujourd'hui entre les spécialités (chercheur, marketing, juriste), entre les secteurs (privé, public), entre les classes sociales (travailleurs, patrons), entre les générations (*baby boomers, Nintendo generation*)...

La Société du Savoir, annoncée par Peter Drucker, sera une société où la division du travail devra faire place à l'intelligence collective comme source de création de valeur et de développement. Une société où les systèmes isolés, cloisonnés et ignorants de l'« autre », feront place à une **ouverture** à des réalités multidimensionnelles, source d'enrichissement réciproque et d'innovation. Une société où les savoirs fragmentés, compartimentés, engoncés dans l'autosuffisance et l'arrogance des spécialités et des statuts, feront place à la recherche de synergie et de **lien**, intellectuel et social.

Les ouvrages proposés par Polia Éditions ont pour ambition d'aider les hommes et les organisations à comprendre et à construire cette nouvelle société. À partir d'idées, de réflexions et de pratiques « exotiques » (c'est-à-dire différentes des nôtres), nos auteurs, véritables « passeurs de savoirs », tissent un corpus intelligible et appropriable par tous, qui repose sur deux principes : **l'ouverture et le lien**.

À l'image de la Société du Savoir, Polia est un réseau ouvert, de réflexion et d'action, auquel chacun peut participer en fonction de son champ d'expertise, un carrefour où se rencontrent et s'allient les cultures, les générations, les époques et les disciplines.

Jean-Yves PRAX
Directeur de collection
www.polia-editions.com

Pierre FAYARD

Comprendre et appliquer Sun Tzu

La pensée stratégique chinoise : une sagesse en action

2e édition

DUNOD

Idéogrammes de couverture réalisés par
Madame Loi Dieu, disciple de M. Ma.
La traduction littérale de ces idéogrammes est :
« La pensée de la stratégie chinoise ».

> Le pictogramme qui figure ci-contre mérite une explication. Son objet est d'alerter le lecteur sur la menace que représente pour l'avenir de l'écrit, particulièrement dans le domaine de l'édition technique et universitaire, le développement massif du photocopillage.
> Le Code de la propriété intellectuelle du 1er juillet 1992 interdit en effet expressément la photocopie à usage collectif sans autorisation des ayants droit. Or, cette pratique s'est généralisée dans les établissements d'enseignement supérieur, provoquant une baisse brutale des achats de livres et de revues, au point que la possibilité même pour les auteurs de créer des œuvres nouvelles et de les faire éditer correctement est aujourd'hui menacée.
> Nous rappelons donc que toute reproduction, partielle ou totale, de la présente publication est interdite sans autorisation de l'auteur, de son éditeur ou du Centre français d'exploitation du droit de copie (CFC, 20, rue des Grands-Augustins, 75006 Paris).

© Dunod, Paris, 2007

© Dunod, Paris, 2004 pour la première édition

ISBN 978-2-10-051329-1

Le Code de la propriété intellectuelle n'autorisant, aux termes de l'article L. 122 5, 2° et 3° a), d'une part, que les « copies ou reproductions strictement réservées à l'usage privé du copiste et non destinées à une utilisation collective » et, d'autre part, que les analyses et les courtes citations dans un but d'exemple et d'illustration, « toute représentation ou reproduction intégrale ou partielle faite sans le consentement de l'auteur ou de ses ayants droit ou ayants cause est illicite » (art. L. 122-4).

Cette représentation ou reproduction, par quelque procédé que ce soit, constituerait donc une contrefaçon sanctionnée par les articles L. 335-2 et suivants du Code de la propriété intellectuelle.

*À Marc-Aurèle et à Gala
et en mémoire d'Antonin.*

DU MÊME AUTEUR

Le Réveil du Samouraï, Dunod, Paris, 2006.
Trayectoria en la comunicacion publica de la ciencia, Editorial Divulgacion de la Ciencia, Universum, Mexico, 2005.
L'Impossible formation à la communication, (direction conjointe avec Denis Benoît et Jean-Paul Géhin), L'Harmattan, Paris, 2000.
O Jogo da interaçao. Informaçao e comunicaçao em estrategia, EDUCS, Caxias do Sul, R.S. Brésil, 2000.
La Maîtrise de l'interaction. L'information et la communication dans la stratégie, Zéro Heure Éditions Culturelles, Paris, 2000.
Le Tournoi des dupes (roman de stratégie), L'Harmattan, Paris, 1997.
Fusion Chaude, sciences, communication et adaptation, (avec Delphine Carbou), Éditions de l'Actualité, Poitiers, 1995.
Sciences aux Quotidiens, l'information scientifique dans la presse quotidienne européenne, Z'Éditions, Nice, 1993.
La Culture Scientifique, enjeux et moyens, (textes choisis par), La Documentation Française, Paris, 1990.
La Communication scientifique publique, de la vulgarisation à la médiatisation, La Chronique Sociale, Lyon, 1988.

AVANT-PROPOS À LA 2ᵉ ÉDITION

Le succès de la première édition de ce livre témoigne de l'actualité d'une pensée stratégique, et de son texte de référence[1], dont l'origine remonte à près de vingt-cinq siècles. Plus que jamais aujourd'hui la familiarisation avec cette pensée s'avère nécessaire pour chacun et c'est à sa vulgarisation que cet ouvrage est consacré. Dans l'époque tumultueuse où nous vivons, elle représente un éloge de la fluidité, de la liberté et de l'ouverture d'esprit, en même temps qu'une ode à la créativité astucieuse.

Par définition, la stratégie est contraire à la fatalité. Depuis que le monde est monde, elle n'a de cesse de faire mentir ce que les mécaniques prévisionnelles désignent comme inéluctable. Aux côtés, mais distincte, de la science, elle représente une entreprise des plus humaines et partagées qui soit, des plus spontanément nécessaires aussi. Dans sa version chinoise, elle s'inscrit particulièrement à l'encontre de prétendus modèles fixes et définitifs, assurant qu'il existe des méthodes infaillibles pour parvenir à ses fins. Comme s'il était envisageable d'enchaîner la volonté des autres hommes en leur dictant comment se comporter pour être en cohérence avec les attentes et vues de généralissimes aussi omnipotents que le dieu de l'évangile ! Ces illusions désastreuses oublient un détail, mais de taille, c'est que la réalité n'attend pas les lumières de tel ou tel stratège, si brillant soit-il, pour obtempérer à ses injonctions et obéir à ses définitions. Par bonheur, elle est autrement riche et malléable que ce que la seule linéarité de la raison enferme dans ses interprétations.

La voie chinoise de la stratégie est relationnelle, elle se définit toujours en fonction de la gamme des possibles qu'une situation recèle en elle-même. C'est en le révélant, puis en s'associant à ce potentiel qu'elle se manifeste. L'architecte sino-américain Pei, en

---

1. *L'Art de la guerre* de Sun Tzu.

charge de la réorganisation du Musée du Louvre, commença par ressentir et s'imprégner du lieu avant d'émettre une quelconque idée de plan. Pour lui, la majestueuse pyramide de verre qui le coiffe à présent était comme déjà contenue et portée par l'espace même de la Cour Napoléon. De là à dire que l'harmonie est stratégique, il n'y a qu'un pas, mais cela nous entraînerait au-delà de ce simple avant-propos. À l'instar de la culture stratégique japonaise [1], celle de la Chine ancienne compte sur la sensation pour appréhender des tendances à l'état naissant. En se mettant à l'école de la nature, en l'accueillant avec sensibilité et perspicacité, le stratège devient à même de s'en faire une inspiratrice et une alliée. Se mettre à l'écoute amplifie ses capacités et fait naître des ouvertures et des scénarios que la seule réflexion isolée et coupée du réel ne saurait ni concevoir ni imaginer. De quoi méditer et sans doute appliquer dans les turbulences actuelles dont les fertilités demeurent à révéler !

*

Par rapport à la première édition, la présente comporte six stratagèmes supplémentaires, choisis parmi ceux des trois dernières familles du classique des trente-six stratagèmes chinois : des situations de chaos (4), d'impasse (5) et désespérées (6). Chacune de ces familles comporte ici deux stratagèmes : « 19. travailler en montagne » et « 20. la confusion opportune » (*de chaos*), « 29. Enrôler la force adverse » et « 30. Rendre l'inutile indispensable » (*d'impasse*), et enfin « 31. La faveur fatale » et « 32. La déception paradoxale » (*désespérées*). Plutôt que de conserver la numérotation originale de l'édition chinoise, nous avons préféré indiquer leur continuité dans ce livre et les regrouper dans une seule partie intitulée « stratagèmes de la dernière extrémité ». Comme dans l'édition précédente, la conclusion demeure le trente-sixième stratagème : la grandeur de la fuite. Pour aider à la mémorisation des stratagèmes, tout en associant leurs intitulés traditionnels à ceux proposés par l'auteur, un tableau synthétique les propose en annexe, en y associant une phrase qui résume leur principe et la mention de l'histoire de référence utilisée dans le texte.

Sao Paulo, juillet 2007.

---

[1]. Fayard Pierre, *Le Réveil du samouraï. Culture et stratégie japonaise dans la société de la connaissance*, Dunod, Paris, 2006.

TABLE DES MATIÈRES

Introduction   1

PARTIE I

STRATAGÈMES DE L'EMPRISE

1	Cacher dans la lumière	25
2	L'eau fuit les hauteurs	31
3	Le potentiel des autres	39
4	Les vases communicants	47
5	Le chaos fertile	55
6	La stratégie adore le vide	63

PARTIE II

STRATAGÈMES DU FIL DU RASOIR

7	Créer à partir de rien	73
8	Vaincre dans l'ombre	83
9	Profiter de l'aveuglement	91
10	Le sourire du tigre	97
11	Qui sait perdre gagne	103
12	La chance se construit	111

PARTIE III
STRATAGÈMES D'ATTAQUE

13	La pince des louanges	119
14	Le potentiel du passé	127
15	La victoire par la situation	133
16	Lâcher pour saisir	139
17	Du plomb pour de l'or	145
18	Le poisson pourrit par la tête	151

PARTIE IV
STRATAGÈMES DE LA DERNIÈRE EXTRÉMITÉ

19	Travailler en montagne	159
20	La confusion opportune	169
21 (29)	Enrôler la force adverse	181
22 (30)	Rendre l'inutile indispensable	191
23 (31)	La faveur fatale	199
24 (32)	La déception paradoxale	207

Conclusion
Grandeur de la fuite   215

**Tableau synoptique des stratagèmes, de leurs intitulés
et des histoires qui y sont associées**   219

Bibliographie   225

INTRODUCTION

On ne compte plus aujourd'hui les références et les citations tirées du classique de Sun Tzu, *L'Art de la guerre*[1], pourtant écrit plus de quatre siècles avant notre ère. En ce début de millénaire et sur tous les continents, un nombre croissant de politiques, d'entrepreneurs, d'administrateurs, de militants, de militaires ou de simples citoyens avouent en avoir fait un livre de chevet. Pourtant, entre la fascination intellectuelle, voire poétique, et l'application de ses principes et recommandations, autant dans l'analyse que dans la mise en œuvre, force est de constater que le pas n'est guère aisé à franchir. Dire que *l'art de la guerre est comme l'eau qui fuit les hauteurs et remplit les creux* est une chose, l'interpréter comme l'exhortation à éviter les résistances et à se conformer aux contours d'une situation pour progresser inexorablement et insensiblement en est une autre !

Le lecteur occidental, dont la représentation de l'action tend spontanément vers ce qui est direct et

---

1. La première édition de l'ouvrage en Europe remonte à 1772 et fut effectuée par un jésuite français, le père Jean Joseph Marie Amiot.

visible, a besoin de clefs et d'images qui lui soient propres pour percevoir et intégrer les orientations spécifiques de la pensée stratégique chinoise. C'est à cet apprivoisement qu'invite le présent ouvrage, avec pour ambition d'enrichir la manière d'appréhender la réalité dans tout le potentiel[1] qu'elle représente et d'exercer la volonté. Cette perspective est d'autant plus d'actualité que le réseau, le flux, l'échange et la transformation progressive sont autant au cœur de la culture chinoise que de la société informationnelle à l'échelle planétaire.

La culture stratégique de la Chine traditionnelle est profondément marquée par les caractères physiques et démographiques d'un vaste pays dont l'histoire se compte en millénaires et la population en centaines de millions. Pour survivre et parvenir à ses fins dans la Chine d'hier comme d'aujourd'hui, deux principes clefs s'imposent : l'économie et l'harmonie. La bonne gestion des ressources pour soi et leur ruine éventuelle chez l'autre s'il est un opposant, constituent ici un pivot de la relation stratégique et du travail de l'interaction des volontés. Qui sait optimiser l'usage des moyens est considéré

---

1. Cette notion de *potentiel* est essentielle dans la pensée stratégique chinoise. Elle recouvre tout l'échantillon des possibles contenus dans une situation donnée du fait même de sa dynamique propre et des ressources qu'elle recèle. L'art du stratège consiste précisément à l'identifier et à en comprendre les mécanismes sous-jacents afin d'en tirer profit en les mettant en œuvre au service de ses projets.

comme sage et vertueux. Son efficacité est d'autant plus célébrée qu'elle mobilise des ressources qui lui sont extérieures : celles de collaborateurs, de concurrents, voire d'ennemis par le biais de subterfuges et autres stratagèmes.

Toute l'histoire de la Chine tourne autour de la conquête et de la préservation de l'État en tant qu'unité qui fonctionne et qui régule les échanges de manière suffisamment harmonieuse pour assurer la durée. Jusque dans les périodes troublées, dites des *Royaumes Combattants*, où les seigneurs de la guerre se disputaient l'espace du pays, la référence demeurait l'unité de l'Empire à reconstruire sur de nouvelles bases. L'art de durer est au cœur de cette culture de la stratégie au point que les Chinois soient parvenus à transformer du temps en espace en retournant des défaites temporaires en victoires territoriales par le biais de la sinisation de leurs conquérants mongols puis mandchous. Aujourd'hui, une part de la Mongolie est chinoise et la Mandchourie l'est intégralement. Dans l'Empire du Milieu, la rareté relative des biens contraste avec une grande habilité à utiliser le temps. C'est sur cette dimension temporelle que les Chinois se procurent une liberté de manœuvre et tirent profit du changement des circonstances.

Quand la vertu est stratégique

À l'image du jeu d'origine chinoise le *wei chi*, plus connu sous son appellation japonaise de jeu de *go*, la maîtrise du territoire est synonyme de vie en Chine. La sécurité de la création, du maintien ou de l'expansion des territoires dépend avant tout de la solidité et de la fiabilité des communications internes entre ses éléments constitutifs. Ici, les relations sont plus importantes que les composantes elles-mêmes. Pour Sun Tzu[1], contemporain du Grec Thucydide, la qualité des liens entre le général et ses troupes, ou entre le prince et ses sujets, est la meilleure des garanties de l'invincibilité.

Les intermédiaires jouent un rôle prépondérant dans la culture stratégique chinoise car ils représentent des articulations essentielles, des éléments pivots de la stabilité ou de son contraire, le déséquilibre. Pour s'assurer de l'invincibilité, tâche première selon Sun Tzu, le stratège s'attache à mettre en place un tissu de relations légitimes et ritualisées qui structure en un ensemble cohérent et réactif une armée, une entreprise ou un pays. Pour lui, l'invincibilité ne dépend pas prioritairement de l'accumulation de moyens physiques offensifs et défensifs, mais de la confiance qui unit un pouvoir, reconnu comme juste et légitime, avec ses sujets ou

---

[1]. Auteur du plus vieux traité de stratégie (cinq siècles avant J. C.) qui est aussi le plus lu aujourd'hui dans le monde entier.

ses administrés. Faute de quoi, qui prétend détenir la force n'est, en définitive selon l'expression de Mao Tse Toung, qu'un *tigre en papier*[1] : il a toutes les apparences de la force du tigre, mais sa réalité est aussi vulnérable que le papier que l'on froisse, déchire ou brûle aisément.

C'est pourquoi, le souverain, en partageant véritablement les peines et les joies de son peuple, s'assure de la solidité de son soutien. Une fois l'invincibilité acquise du fait d'une harmonie intérieure et de l'excellence de l'administration, les erreurs adverses offrent des opportunités de gains ou de victoires. Puisque la qualité des communications constitue la force réelle, son contraire engendre la faiblesse et c'est cela que le stratège révèle ou suscite chez ses adversaires ou concurrents. Plus les relations entre les composantes de l'édifice social adverse sont défectueuses, plus celui-ci gaspille ses ressources et en conséquence plus l'avantage du stratège vertueux s'affirme. Car en Chine, la vertu est stratégique !

Harmonie et économie permettent de durer, de se défendre et de conquérir. On les développe pour soi et on les accable chez les autres en cas de conflit ou de concurrence. Sur ce registre, le recours aux stratagèmes est l'instrument le plus recommandé,

---

1. À l'époque du maoïsme triomphant et de la Révolution Culturelle chinoise, cette expression désignait les États-Unis d'Amérique, taxés d'impérialisme.

précisément par souci d'économie ! La fluidité des relations et la circulation des énergies font vivre et assurent le maintien et la santé du collectif, qu'il s'agisse d'une famille, d'une entreprise, de la société dans son ensemble ou de son instrument militaire.

On retrouve cela dans les mouvements coulants, fluides et continus du *Taï chi chuan*, art martial emblématique de la Chine, qui se traduisent dans une activité d'ensemble et de chaque partie du corps dans un ballet sans fin. Tout bouge simultanément et évite le blocage, qui est coagulation génératrice de désordre et de maladie. L'énergie circule en permanence et c'est autant le gage d'une bonne santé que de l'invincibilité. Il est dit que la médecine chinoise traditionnelle avait pour objet premier de maintenir en bonne santé (invincibilité) et de soigner uniquement en cas d'échec du médecin à interpréter, à réguler et à réorienter les flux. Sur un autre registre, le mandarin, fonctionnaire lettré, assurait le maintien des équilibres dynamiques, c'est-à-dire des flux, dans le grand tout que constituait l'administration de l'Empire.

La philosophie du *yin* et du *yang*, qui voit le monde comme une transformation permanente, forme le soubassement de la culture de la stratégie de la Chine traditionnelle. De l'interaction constante de ces deux principes opposés *et* complémentaires résulte un changement incessant dont il convient de distinguer les prémices. On s'y adapte pour en tirer profit plutôt que de les subir. Or, ce n'est pas le fort en muscles qui est le plus à même d'interpréter les signes ténus des modifications en cours ou à venir, mais bien plutôt le sage, l'homme de vertu et de connaissance. C'est pourquoi, dans l'antiquité chinoise, les princes et les empereurs ont toujours cherché à s'assurer les services des meilleurs conseillers, de ceux qui étaient riches en sagesse, en prescience et en ruses.

L'intelligence du réel, connaissance intime des mutations en cours, permet de gérer et d'agir à bon escient en anticipant et en se laissant porter par les dynamiques transformatrices et pourvoyeuses de vigueur ou de dépérissement. Encore et toujours les notions d'économie et d'harmonie ! Connaissant le sens des flux, c'est en les épousant que, paradoxalement, le stratège les dirige. Il se maintient en synergie avec eux et s'inscrit dans leur logique. En les accompagnant, il se fait accompagner par plus fort que lui, et c'est ainsi que la plus grande des soumissions peut se révéler être une domination paradoxale mais invisible. La plus grande souplesse se transforme en une force redoutable car insaisissable. On dit que l'océan qui ne peut être saisi, saisit ! Mais si le stratège est homme de vertu, celui qui échoue en revanche n'a aucune excuse car c'est le résultat, si ce n'est la preuve, de son manque de vertu. Il est dès lors légitime et naturel qu'il disparaisse sans que la notion de pardon puisse être invoquée !

C'est toujours ce même souci de l'économie qui fait dire à Sun Tzu que les armes sont des instruments de mauvais augure auxquels on ne doit recourir qu'en toute dernière limite ! L'affrontement est coûteux, hasardeux et destructeur. Une contrée soumise par la force est difficilement contrôlable et le bénéfice de la victoire en est moindre. Surmonter le ressentiment, atténuer le désir de vengeance, effacer les douleurs... tout cela est contraire à l'économie. C'est pourquoi la meilleure des stratégies ne cherche pas l'affrontement direct et ouvert avec les troupes adverses ou l'assaut des places fortes, mais elle s'attaque aux plans de l'adversaire et à son esprit, écrit Sun Tzu !

Le stratège qui parvient à percer les intentions de son adversaire et à en développer la connaissance a déjà presque partie gagnée. On mesure la différence avec le grand classique occidental de la stratégie, *De la guerre* de Carl von Clausewitz[1], qui recommande d'annihiler en priorité la force majeure de l'adversaire afin de le mettre en situation de ne plus pouvoir se défendre et ainsi lui dicter sa volonté. À l'inverse en Chine, la subtilité,

---

1. Général prussien, contemporain de la Révolution Française et de l'Empire, qui s'efforça de produire une théorie de la guerre, à partir de l'histoire et de l'observation des batailles et campagnes, notamment celles de Napoléon Bonaparte, mais aussi de Frédéric II de Prusse et d'autres. Clausewitz est considéré comme la référence pour les guerres majeures de la fin du XIXe et du XXe siècle.

voire la sensibilité, fait la différence pour apprécier qualitativement le mode de fonctionnement de l'esprit adverse. L'accumulation ou l'engagement de moyens matériels n'intervient qu'en second temps. Plutôt que de s'attaquer aux forces opposées par la voie extérieure des armes, il est plus avantageux de les affecter de l'intérieur par la déstabilisation, par exemple en pourrissant les liens qui unissent leurs différentes composantes. Dans cette perspective, la connaissance de l'autre, de la nature de ses communications internes et avec son environnement est stratégique. Le sage-stratège fait jouer ce potentiel à son profit, en l'orientant à partir des courants qui l'animent. Discorde et gaspillage sont les meilleurs vecteurs de la déstabilisation adverse. Passions, égoïsmes, prétentions, fléaux naturels, fractions, jalousies, ambitions… représentent non seulement des points d'appuis mais des moteurs de déstabilisation que le stratège met en œuvre avec tact, tout en demeurant invisible. La proie tombe alors dans la main du prédateur sans que celui-ci n'apparaisse le moins du monde comme tel. Ce n'est, en apparence, que le simple travail de la nature qui transforme les situations sans que l'on puisse y détecter *stratège sous roche !*

L'intelligence du changement et la créativité « stratagémique » permettent de vaincre à distance, idéalement sans s'exposer. Plutôt que de se développer dans la sphère du visible, solide et qui résiste, c'est au niveau des prémices qu'il est économique d'agir. Par la suite, les cycles des transformations, de la croissance et de la décroissance, font le reste et il ne s'agit là que du déroulement naturel des choses...

Comme le sage, le stratège idéal est sans volonté[1], sans dispositions fixes et ni credo coulé dans le bronze. C'est au contraire sur l'image de l'eau qu'il règle son comportement, si tant est que l'on puisse oser une telle formulation. Parce que l'eau n'a pas de forme déterminée, écrit Sun Tzu, elle emprunte celle de ce qui la contient, elle se conforme à la topologie du terrain ou de la situation où elle se trouve. Dans un vase elle est vase, dans une cuvette elle est cuvette, sur une surface plate elle s'étale, dans la chaleur elle est vapeur, dans le froid intense elle est glace, givre ou gelée, sur un relief accidenté ou dans une déclivité elle est farouche... C'est en s'adaptant aux conditions changeantes que l'eau demeure ce qu'elle est. Ainsi doit-il en être de l'art de la guerre ou plus généralement de la stratégie selon Sun Tzu. Clausewitz le rejoint lorsqu'il écrit que la guerre est un véritable caméléon. Mais surtout, l'eau est potentiel du fait de la gravité et l'art du stratège consiste à en tirer le maximum d'effet par un travail de configuration des situations.

Sun Tzu recommande au stratège de ne pas attendre la victoire de ses soldats, mais du contexte

---

1. Voir à ce propos les livres de François Jullien.

dans lequel il les dispose. Pour lui, la force ou la faiblesse, le courage ou la couardise ne sont pas des qualités définitives liées à la nature même des soldats. Elles découlent des situations dans lesquelles ils sont plongés car ce sont elles qui rendent les combattants forts, courageux ou l'inverse. Un potentiel d'action se concentre, à l'image d'un barrage où s'accumulent de grandes quantités d'eau et dont on ouvre les vannes au moment opportun. Plus grande est la déclivité, plus puissant sera le courant qui emportera tout sur son passage et viendra naturellement à bout des résistances les plus hautes. C'est de la qualité de ce *rapport de situations* que découle la décision, bien plus que du simple rapport numérique de forces. L'art stratégique de la Chine ancienne est manipulateur de situations. Mais cette culture, qui fonde l'existence multimillénaire de ce pays, peut aussi être entendue comme une école de sagesse, une voie ou un *do,* au sens japonais d'un chemin de perfectionnement pour accéder à la connaissance et à l'harmonie.

L'art majeur de la ruse

En Occident, ce que l'on qualifie de ruse de guerre relève d'un art mineur, voire complémentaire. En revanche, elle représente en Chine un mode stratégique majeur, économique et adapté à une culture dans laquelle l'usage du temps est une inclination de prédilection. L'esprit de stratagème s'enracine dans des représentations du monde, dans une philosophie, voire dans une véritable cosmogonie. Épouser les voies de la nature, s'y fondre et s'y conformer pour mieux les orienter, la proposition ne manque pas de surprendre un esprit occidental, habitué à distinguer entre des états *inaltérables*, et porté à appliquer, de l'extérieur, sa volonté au réel pour le transformer.

Dans la philosophie du *yin* et du *yang*, la plus grande des soumissions est le prélude à la naissance de la plus grande des forces. Cela passe par la pratique d'une sensibilité intelligente qui perçoit, sous-jacente aux manifestations tangibles, l'œuvre des contraires-complémentaires (*yin* et *yang*) dont l'interaction permanente préside aux changements. Pour les Chinois, le plus et le moins, le fort et le faible, le vrai et le faux, le plein et le vide, le lumineux et l'obscur... n'existent pas en tant que qualités fixes et indépendantes. Ils sont au contraire fondamentalement relatifs et *inter*dépendants. L'*un* est aussi la condition de l'*autre* dans un processus sans fin ne pouvant, par définition, exclure son contraire et le priver d'existence. De fait, il faut faire avec. Si l'un des versants de la montagne est plongé dans l'ombre, l'autre est baigné de lumière... L'homme n'existe pas sans la femme et *vice versa*, le cycle d'une relation sexuelle inverse les qualités du dur et du mou. La graine porte l'existence de la plante qui, atteignant son apogée, donne naissance à la graine. Modalités momentanées de l'énergie, tout se transforme à terme en son contraire après lui avoir donné naissance.

L'art stratagémique dans sa version chinoise ne s'impose pas en s'opposant, mais en épousant pour conduire[1] de telle sorte que le *je* disparaisse apparemment dans le travail de la nature. L'intelligence sensible perçoit les potentiels contenus dans les situations animées par le jeu dynamique des contraires. La voie stratégique chinoise procède du féminin vers le masculin à l'inverse du mode majeur occidental. Au jeu de *go*, le vide préexiste au plein alors qu'aux échecs l'ensemble des pièces (potentiel) occupe l'échiquier dès le début de la partie. À l'inverse aucune *pierre* ne figure sur le *goban*[2] et c'est le joueur aux pierres noires qui joue le premier en commençant par les bords !

D'essence indirecte, le premier temps de l'attitude stratagémique néglige temporairement les intérêts propres de l'acteur car ils risquent de le troubler et de limiter sa perception en finalisant trop ses attentes. Les signaux faibles annonciateurs du travail de la nature sont délicats et s'appréhendent mal avec de gros sabots, pourrait-on dire. De

---

1. Sur ce propos, le lecteur pourra se référer aux travaux de sinologues comme Cyrille Javary, Ivan Kamenarovic ou encore François Jullien.
2. Tableau ou échiquier sur lequel se joue le *go*. Il se compose d'un ensemble de dix-neuf lignes verticales croisant dix-neuf lignes horizontales, soit de trois cent soixante et une intersections.

préférence à la mise en avant d'intérêts particuliers et immédiats, la réceptivité et la disponibilité face à l'environnement sont hautement recommandées. L'approche initiale est stratégique, ouverte, globale et considère de grandes échelles de temps parce qu'il s'agit d'identifier et de rassembler le plus vaste potentiel sans idées préconçues. Elle se différencie d'une préoccupation d'abord tactique, fermée, locale et soucieuse d'atteindre ses objectifs à très court terme.

Les définitions trop hâtives, tout comme la fermeté des intentions, *arrêtent le monde des possibles*. Elles sont contraires à l'identification de flux et de potentiels disponibles où s'inscrire en agissant *avec* l'environnement. Paradoxe, ou pour le moins surprise, toute l'actualité de la pensée stratégique de la Chine traditionnelle se révèle dans le monde global et interdépendant que nous connaissons aujourd'hui. Ceci étant posé, ni la volonté ni la détermination ne sont en reste et l'approche directe peut avoir son moment favorable une fois les conditions réunies, en Chine comme ailleurs.

L'art stratégique chinois est rebelle à l'idée d'action individuelle, atomisée, souveraine et coupée du concours de la nature. Parce que le monde est évolution permanente, toute situation n'est qu'un instant particulier dans un cycle. Une position de force est souvent le produit d'une faiblesse antérieure que l'on a transformée. Une vulnérabilité peut résulter d'une trop grande habitude de la force, devenue illusion du fait de la confusion entre la nature *relative* du moment où l'on est fort, et une prétendue force absolue, intemporelle, incorruptible et indépendante des circonstances et des évolutions. La faiblesse succède à la force selon des rythmes plus ou moins longs.

Chaque principe, *yin* ou *yang*, naît de l'intérieur de son opposé, qui lui est en outre complémentaire. Ils n'existent pas isolément et cela conduit à penser leur interaction et celle des volontés[1] comme une source de créativité stratégique sans limite. Si les rythmes longs ne sont pas favorables, le recours à des rythmes courts ou encore à de microrythmes où l'alternance entre force et faiblesse connaît un tempo accéléré, ouvre des possibilités[2]. Ce que l'on ne peut réussir tactiquement contre une brute armée jusqu'aux dents, on peut aussi y parvenir si l'on sait lire et tirer parti de l'alternance des rythmes constitués par des couples comme la respiration, le va-et-vient entre attention et relâchement ou encore en recadrant les termes de l'interaction des volontés sur d'autres terrains ou sur des échelles plus vastes.

---

1. Sur ce sujet, voir *Introduction à la stratégie* d'André Beaufre et *La Maîtrise de l'interaction. L'information et la communication dans la stratégie* de Pierre Fayard.
2. L'usage de microrythme est extrêmement développé dans la culture stratégique, du Japon en particulier.

L'attitude stratagémique enseigne à voir derrière les manifestations visibles non pas tant une réalité définitive à affronter, mais bien plutôt un état transitoire manifestant le moment d'une transformation d'énergie. L'art stratégique chinois recommande de ne pas chercher à agir localement au niveau de l'immédiat, mais sur l'évolution globale des flux. Cartographe avisé, le sage-stratège calcule ses positions, accélère ou ralentit sans tomber sous le joug de l'attraction trompeuse et piégeante des formes. Un sabre n'est pas dangereux en soi mais en fonction de l'état et de l'habilité de qui le manipule et de la situation dans laquelle celui-ci se trouve.

Le classique des *Trente-Six Stratagèmes*

Pour aborder plus avant la pensée stratégique de la Chine ancienne et l'adapter en des termes que le lecteur de culture occidentale puisse entendre afin de s'en inspirer dans ses pratiques de tous les jours, il existe un traité de référence. Depuis des siècles, le traité dit des *Trente-Six Stratagèmes* rassemble dans le monde chinois l'interprétation de différents auteurs sur une suite d'items que nous pourrions qualifier de *logiciels stratagémiques.*

Chaque stratagème se présente sous la forme d'une collection de quatre idéogrammes que l'on doit interpréter et adapter aux situations qui les appellent. À la différence de *L'Art de la guerre* de

Sun Tzu, l'ouvrage ne fait pas référence à un auteur exclusif mais à plusieurs qui se succèdent à travers les âges et les implantations diverses de la diaspora chinoise. Le nombre d'interprètes occidentaux de ces *logiciels* ne cesse aujourd'hui de croître. D'une manière générale, ces stratagèmes s'appliquent à toute situation où interagissent des volontés qu'elles soient politiques, militaires ou économiques, mais aussi à la gestion, à la négociation et aux relations interpersonnelles.

Dès lors qu'une volonté se manifeste dans un contexte plus ou moins difficile, elle peut s'inspirer de ces *logiciels stratagémiques* pour parvenir à ses fins. Mais leur connaissance ne garantit pas pour autant la réussite absolue, pas plus qu'un logiciel de traitement de texte ne crée des génies littéraires du simple fait de son usage. L'application de ces stratagèmes à des situations particulières requiert non seulement de l'intelligence, dans le sens d'une compréhension subtile des potentiels, des intentions et des relations, mais aussi de la créativité, de l'astuce et un grand sens du rythme. Pas plus que la stratégie en général, le stratagème ne relève d'une science exacte où des conditions prétendument *identiques* produiraient des résultats calculables et prévisibles.

Les circonstances et surtout les protagonistes ne sont jamais les mêmes. Leurs capacités respectives et leurs niveaux de connaissance demeurent en perpétuel apprentissage et continuelle transformation.

Affaire de volontés aux prises dans des environnements changeants et peu maîtrisés, le stratagème relève de l'art plus que de la science.

Les versions et commentaires du classique des *Trente-Six Stratagèmes* sont innombrables et varient selon les auteurs, les époques et les lieux, mais aussi les domaines d'application. C'est ainsi, par exemple, qu'il existerait une variante particulière dévolue au champ de l'action familiale et des relations entre hommes et femmes. Dans le présent ouvrage, on trouvera des références à une dizaine de versions en français, anglais et espagnol. Alors pourquoi donc en rajouter une de plus ? Cela résulte d'un travail de plusieurs années d'étude et d'enseignement, mais aussi, et avant tout, d'un constat qu'il convient d'éclairer.

Les lecteurs de *L'Art de la guerre* de Sun Tzu savent d'expérience que le mode d'expression de la pensée chinoise diffère notablement de ce dont nous avons coutume en Occident. La compréhension d'une culture stratégique asiatique suppose que nos modes de pensée occidentaux s'adaptent à une autre forme de pensée, de conceptualisation, de représentation mais aussi d'expression. Nous en voulons pour preuve la diffusion des arts martiaux japonais. En tant qu'ancien aïkidoka, j'ai personnellement le souvenir de stages avec de véritables maîtres nippons (*sensei*) où la logique eût voulu qu'au niveau de perfection des enseignants corresponde une progression similaire des pratiquants.

Quel enchantement devant la maîtrise des *sensei* pendant que leurs déplacements donnaient à comprendre une technique particulière : tout paraissait fluide, spontané, esthétique, sans effort et d'une efficacité à toute épreuve. À l'issue de la démonstration, le maître lançait le *ai dozo* caractéristique qui invitait à l'exercice, mais force était alors de constater que la suprême facilité, la justesse et l'économie du geste n'étaient pas au rendez-vous sur le tatami ! Un écart terrible s'interposait entre la perception fascinée que nous ressentions lors de la démonstration d'une part, et nos capacités effectives à traduire l'enseignement en actes d'autre part !

Par chance, des professeurs français prenaient le relais et expliquaient ultérieurement, et au moyen d'une pédagogie tout occidentale, comment enchaîner les phases successives du mouvement. Tout y passait : de la position des pieds à celle des coudes, du niveau des épaules à la direction du bassin… le détail était précis, explicite et séquencé là où l'enseignement à la japonaise livrait une forme globale à reproduire[1]. Sans cette *occidentalisation*, le risque est permanent de passer à côté et de ne pouvoir approcher la saveur et la profondeur

---

1. Au Japon, la transmission du savoir et de la compétence fonctionne essentiellement sur un mode tacite et silencieux, de *hara* (centre vital) à *hara*, dit-on. Le travail de l'apprenant se fait à partir de l'essence d'un mouvement plus que de son séquençage. Le global l'emporte sur le local.

d'un contenu masqué par la force gravitationnelle propre à une culture lointaine.

Il est plaisant d'entendre Sun Tzu comparer l'art de la guerre à l'eau qui fuit les hauteurs pour remplir les creux, mais… *so what* ? Il est frustrant que ce constat glisse sur la toile cirée de nos neurones sans y pénétrer ni les fertiliser ! C'est pour éviter cet effet *toile cirée* sur laquelle glisse l'eau de la lecture que ce livre se veut un apprivoiseur de culture, un intermédiaire à la fois déconstructeur et bâtisseur de passerelles.

Pour comprendre et appliquer Sun Tzu, le choix de cet ouvrage porte sur une sélection de vingt-quatre des trente-six stratagèmes, entendue comme un support pour aborder la pensée stratégique de la Chine ancienne.

L'ensemble se conclut sur le *stratagème des stratagèmes* selon les auteurs, celui de *la fuite* ! Lorsqu'un conflit ne peut trouver d'issue favorable tant la situation est désespérée, le meilleur choix est de s'enfuir car cela signifie préserver son potentiel pour les temps meilleurs qui ne manqueront pas de survenir tôt ou tard.

Le lecteur trouvera dans ce livre, la présentation de ces vingt-quatre *logiciels stratagémiques*, rassemblés en quatre familles et selon une présentation identique. Un titre, la plupart du temps original, introduit chacun d'entre eux, agrémenté par une ou deux citations, et par quelques images et expressions indicatives qui donnent l'ambiance et l'esprit du stratagème. À titre de référence, mention est faite des titres habituels tirés de versions publiées en français, en anglais et en espagnol du classique des *Trente-Six Stratagèmes*. Une histoire, traditionnelle ou originale, rend ensuite compte d'une application exemplaire de chacun de ces stratagèmes. Ces récits servent d'armature au développement d'un aspect particulier de la pensée stratégique chinoise.

Souhaitons à présent bonne lecture et découverte de cette culture qui introduit aussi à une forme de sagesse. Notre vœu le plus cher est qu'elle enrichisse et stimule l'intelligence et l'ouverture d'esprit du lecteur ainsi que sa créativité stratégique.

PARTIE I
STRATAGÈMES DE L'EMPRISE

> Stratagèmes en situation de domination / Stratagems when winning / Stratagèmes des batailles déjà gagnées / Stratagems when in superior position / Estrategias cuando se domina la superioridad

1. Cacher dans la lumière
2. L'eau fuit les hauteurs
3. Le potentiel des autres
4. Les vases communicants
5. Le chaos fertile
6. La stratégie adore le vide

Cette première série du classique des *Trente-Six Stratagèmes* est dite de la position supérieure dans le sens où celui qui y recourt se situe hors d'atteinte des menées adverses. Le stratège considère l'environnement sans trop en subir les contraintes et dispose de la possibilité de prise d'initiatives. En termes stratégiques, il bénéficie d'une liberté d'action dominante par rapport aux autres acteurs et dans sa relation avec la situation proprement dite.

Le revers de la médaille réside en ce que ses choix sont exposés en pleine clarté, d'où la nécessité d'user de ruses et de faux-semblants en mêlant subtilement vrai et faux, ombre et lumière, leurre et réalité… afin d'éviter de dérouler un jeu trop prévisible. Cette première série procède d'une approche plutôt directe, bien qu'en matière de stratagèmes les choses ne soient jamais aussi simples, évidentes et unidirectionnelles.

1

CACHER DANS LA LUMIÈRE

Ce qui est familier n'attire pas l'attention.
Proverbe chinois

**L'habitude sécurise le secret –
Un secret en habit de lumière –** *Aveugler*

Mener l'Empereur en bateau / Abuser l'Empereur et traverser la mer / Cacher le ciel pour traverser la mer / Cross the sea under camouflage / Cross the sea by deceiving the sky / Crossing the sea by treachery / Cross the sea without heaven's knowledge / Cruzar el mar confundiendo al cielo / Cruzar al mar a simple vista

Au cours d'une campagne militaire, l'empereur du Nord, victorieux, campe avec son armée au bord d'un fleuve de l'autre côté duquel les restes des troupes ennemies vaincues sont rassemblés. Le franchissement du fleuve assurerait une victoire totale mais le souverain, craintif, tergiverse en dépit des recommandations offensives pressantes de ses conseillers.

Refusant d'argumenter plus avant, l'un d'entre eux fait construire un îlot artificiel suffisamment vaste pour présenter toutes les apparences d'un vrai camp de campagne sur la terre ferme. Arbres, chevaux, tentes... rien ne manque. L'esprit sans inquiétude, l'Empereur s'installe comme à l'ordinaire sur cet îlot, qu'il ne sait pas flottant tant il présente toutes les apparences d'un bivouac sur la terre ferme. Dans la nuit, l'îlot se détache, traverse le fleuve et au petit matin l'armée, qui a franchi l'obstacle dans la suite immédiate de l'Empereur, réduit dans son élan les dernières résistances de l'ennemi dont la déroute finale est consommée.

Dans une quiétude totale du fait des apparences sécurisante du camp, le Fils du Ciel[1] a traversé l'obstacle pour son plus grand avantage, l'esprit en paix au milieu des dangers qu'il craignait le plus...

Comment assurer la sécurité d'un secret quand règne la plus grande des circonspections ? Réponse paradoxale : en supprimant tous les signes et les indicateurs d'une dissimulation volontaire. Dans sa nouvelle intitulée *La Lettre volée*, Edgar Allan Poe décrit une enquête minutieuse, dans les recoins les plus obscurs, traquant les cachettes les plus improbables pour retrouver ladite lettre, alors qu'elle est

---

1. Dénomination traditionnelle donnée à l'empereur de Chine.

épinglée aux yeux de tous dans le bureau du suspect numéro un ! Retournant l'aphorisme qui veut qu'une anguille (une intention secrète) ait besoin d'une roche (un couvert pour se dissimuler), ce stratagème met à profit la croyance générale selon laquelle l'absence de roches suppose aussi celle des anguilles ! Sans obscurité, pas de secret, pense-t-on habituellement.

Dans la nouvelle de Poe, le zèle investigateur se dépense en pure perte car il ne fait aucun cas des apparences quotidiennes. C'est donc en pleine lumière que la pièce à conviction essentielle est le mieux gardée. Une évidence éblouissante provoque son contraire : la cécité ! On s'accorde à penser qu'un dessein occulte, un mystère ou une manigance se sécurise dans l'ombre pour ne pas être éventé ou révélé trop tôt. À la manière de la nuit qui précède le jour, l'intrigue a besoin du couvert de la discrétion avant de pouvoir se manifester sans risque au grand jour. Si de telles intentions secrètes évitent la pleine lumière, alors c'est dans les replis obscurs, dans l'étrange et les ténèbres que se focalise l'attention en vue de les débusquer. Les complots se trament dans le silence de la nuit en dehors des lieux fréquentés. Le non manifesté *(yin)* a une prédilection pour ce qui lui est similaire.

En usant de ces représentations spontanées, ce stratagème procède à l'encontre d'une *représentation naturelle des choses*. Mettant à profit ce comportement habituel, il recommande de pratiquer le paradoxe, car on ne se méfie pas de ce qui est quotidien et ordinaire. C'est donc au sein de la pleine lumière *(yang extrême)* que l'on cache et sécurise le germe du plus grand secret *(yin)*. C'est aux yeux de tous et sans défense apparente que l'on sème le germe du stratagème.

Ce premier stratagème enseigne aussi que le manque de vigilance dans les détails du quotidien peut s'avérer fatal. Le bouddhisme zen recommande de prendre à la légère les grands problèmes et d'appliquer beaucoup de soin et d'attention aux petits. Plus les obstacles ou les enjeux sont grands, plus ils sont défendus et plus il en coûte de s'en emparer ou de s'en affranchir. L'art du stratagème, tout d'esprit et de finesse, investit dans l'insignifiant et le sans importance pour renverser une situation *a priori* défavorable ou difficilement surmontable. On demeure souvent obnubilé par ce qui est visible et résistant alors que le tissu quotidien des habitudes offre des opportunités inespérées.

La conception et l'action stratagémiques n'ont que faire de l'hyperbole d'une fermeté à l'apparence inaltérable. Par nature souples et créatives, leurs maîtres mots sont liberté et mouvement. Leur genèse se situe dans l'esprit même du stratège qui se refuse à figer son raisonnement sous le *diktat* d'une orthodoxie de pensée, de représentations et d'attitudes communes. La vie est flux, elle ne s'arrête jamais et le grand *yang*, la force, enfante de son sein même sa propre faiblesse, le petit *yin*, et cela depuis que le monde est monde. Lorsque l'on doit entreprendre une manœuvre dangereuse, le faire aux yeux de tous dans le confort familier des habitudes peut assurer la sécurité de l'opération. En revanche, l'annoncer à grand renfort de mobilisation ne fait qu'accroître la détermination de ceux qui s'y opposent.

Telle une citadelle imprenable, la vigilance de l'Empereur est exacerbée *(yang)* dans sa relation avec ses conseillers qui l'enjoignent à traverser le fleuve, mais elle se relâche *(yin)* là où il se croit dans la plus grande tranquillité. Plus le conflit aura été tendu et plus la propension de l'Empereur à se détendre sera grande. C'est dans cet état que la manigance le prend à défaut et à moindre coût, car il n'est plus nécessaire de se battre à coup d'arguments pour convaincre. Sun Tzu recommande d'éviter de s'attaquer aux forteresses, mais de préférer mettre les stratégies adverses en péril car elles sont plus malléables.

Le simple cache le plus grand secret, et l'invisible *(yin)* s'habille des apparences de son contraire. Plus la résistance est résolue plus elle sera suivie, tôt ou tard, d'une chute de la vigilance qui ouvrira un espace de manœuvre sans défiance. Une opposition extrême n'a que deux alternatives dans son évolution tant il est peu concevable de maintenir un état de tension permanent : soit elle emporte la décision rapidement, soit elle se rétracte et reflue comme l'océan en marée descendante. En refusant de poursuivre son argumentation devant l'Empereur, le conseiller avisé supprime le point d'appui qui permettait au souverain de se cabrer dans son refus et d'imposer ainsi sa volonté. Dès lors, celui-ci se relâche... La plus grande des déterminations est le prélude de son contraire, c'est pourquoi la pensée stratégique chinoise recommande d'éviter les extrêmes, car leur durée de vie en tant que tels est limitée.

Ce premier stratagème ne s'oppose pas, mais épouse la polarité adverse. Comme le recommande Sun Tzu, là où l'autre est fort et déterminé, le stratège s'estompe et acquiesce ; là où il est paisible et confiant, le stratège est déterminé et redoutable. La volonté initiale explicite qui incitait à traverser le fleuve structurait la résistance du souverain au sein d'une relation d'où seul le poids de l'autorité pouvait sortir gagnant. Dans ce développement stratagémique, la volonté du conseiller n'a pas disparu, mais une mise en scène trompeuse l'a rendue invisible, a assuré sa sécurité et sa réussite. Parce que le souverain a résisté, la ruse aboutit ! De la succession de ces deux moments (visible puis invisible) résulte son efficacité. Provoquer insensiblement le changement est préférable à l'annoncer. Si *l'Empereur, qui traverse le fleuve*, tire finalement profit de ce subterfuge, il ne s'agit rien moins que d'une manipulation qui aurait pu aussi le conduire à sa perte. Le stratagème n'est pas une science exacte, mais un art risqué qui joue avec les circonstances et la volonté en acte d'autres acteurs.

2

L'EAU FUIT LES HAUTEURS

Construire sa victoire en se réglant sur les mouvements de l'ennemi.
Sun Tzu

Le contre stratégique – Se régler sur les contours des situations – La base pour la force – L'empennage pour la flèche – Frapper à la racine – Jouer le vide pour conduire le plein – *Déplacer*

> Encercler Wei pour sauver Zhao / Assiéger Wei pour sauver Zhao / Encercler le royaume de Wei pour sauver le royaume de Zhao / Besiege Wei to save Zhao / Besiege Wei to rescue Zhao / Sintiar el reino de Wei para salvar el Reino de Zhao / Sintiar a un país para rescatar a otro

Dans les temps anciens de la Chine, trois royaumes voisins coexistent avec difficultés. Qi et Zhao sont alliés mais Wei est le plus puissant. Un jour, Wei lance une attaque en force contre le plus vulnérable Zhao et assiège sa capitale. Acculé, Zhao appelle à la rescousse son allié Qi, mais celui-ci temporise car un affaiblissement relatif des deux autres ne peut que servir à terme sa position personnelle. Lui faudra-t-il cependant envoyer en raison de son engagement, ses troupes là où l'agresseur Wei a massé une redoutable force offensive sous les murailles de Zhao ? Il est un autre choix, moins coûteux et plus efficace.

Plutôt que de rencontrer une force armée en plein élan de conquête, Qi délaisse le théâtre principal du conflit et assaile la capitale sans défense de Wei. Devant cette attaque à contre-pied, Wei est contraint de battre en retraite en catastrophe pour voler au secours de la source même de son pouvoir. L'initiative dans le conflit lui échappe et, pris par l'urgence, il emprunte le chemin le plus court, qui est aussi le plus prévisible. Qi a tout loisir de tendre une embuscade aux abords de la capitale de Wei au moment où ses troupes sont au comble de la fatigue et de la désorganisation. Dans la rencontre, Wei en situation dominée est défait. Honorant ses engagements, Qi a sauvé Zhao sans prendre de gros risques, tout en renforçant sa position relative dans ce jeu à trois.

Le second stratagème de cette série recommande de ne pas se laisser imposer le jeu et de s'emparer de l'initiative afin de dicter soi-même des règles favorables. Par son offensive initiale à l'intérieur du système relationnel triangulaire qui les unit, Wei contraint la liberté de mouvement des deux autres. Les alternatives disponibles pour Qi sont soit de ne rien faire et de trahir ainsi sa parole pour se retrouver à brève échéance en situation très défavorable, soit d'entrer dans une surenchère tactique sous les murailles de Zhao, là où les troupes offensives de Wei sont au plus haut de leur force et de leur organisation. Foncer dans l'urgence au secours de Zhao aurait signifié concentrer la force *yang* de Qi contre la force *yang* moralement et physiquement supérieure de Wei alors en plein élan et en situation positive de conquête.

Dans un cas comme dans l'autre, Qi aurait réglé son comportement sur l'initiative de Wei. Mais, puisque le siège de la capitale de Zhao ne représente pas un théâtre favorable, la liberté d'action de Qi vient d'un contre, joué *stratégiquement* sur une dimension plus globale, qui contraint celui qui contraignait. Toute force *yang*, dans le cas présent mâle et offensive, n'existe que par rapport au *yin* dont elle tire son origine et son impétuosité. Dans le récit emblématique de ce stratagème, la puissance de Wei se fonde sur sa relation à un centre politique solide, mais temporairement sans défense pour cause d'offensive contre Zhao. La force organisée de Wei est l'expression du potentiel et de la richesse de sa cité d'origine, or celle-ci est devenue vulnérable du fait même de l'opération lointaine qu'il a lancée. Délaissant le plein de l'offensive sur Zhao, l'attaque de Qi sur la base vidée de ses meilleures troupes ôte l'initiative des mains de Wei. De magnifique et superbe qu'il était dans son élan offensif, Wei doit se conformer à l'option que lui impose le mouvement stratégique de Qi.

Tout comme l'eau fuit les hauteurs et emplit les creux, rappelle Sun Tzu, Qi évite la force (plein) de Wei pour frapper sa faiblesse (vide). Cette logique du *contre stratégique* tourne le dos à celle d'un héroïsme où la force du bon droit et des alliances est le moteur d'une action aveugle aux circonstances et à tout principe d'économie de l'action. Il est difficile, hasardeux et téméraire d'affronter un adversaire puissant alors qu'il est engagé dans une offensive déterminée sur le terrain qu'il a choisi. Mais si ses forces conventionnelles[1] sont dominantes, il est possible d'en frapper la source.

En menaçant ce que *l'autre*[2] doit défendre à tout prix, on lui dicte les règles d'un jeu qui lui ôte l'initiative. De souveraine sa liberté d'action devient contrainte. Toute force explicite plonge ses racines dans un ailleurs auquel elle est intimement liée. L'action directe sur ces fondements a un effet indirect sur la force qui en dépend. Face à un

---

1. Nous verrons ultérieurement la différence établie dans la Chine ancienne entre la force dite conventionnelle (*Zheng* ou *Cheng*) et la force extraordinaire (*Ji* ou *Ch'i*).
2. Tout au long de cet ouvrage la désignation *le même* renvoie à l'acteur dont on emprunte le point de vue et les finalités, alors que celle de *l'autre* désigne celui qui s'y oppose.

acteur au sommet de sa puissance ou disposant d'un solide avantage, il est téméraire de le heurter de front. Dans une situation bloquée, un changement de cadre peut modifier une donne tactique (locale) par une redistribution stratégique (globale) des cartes. En refusant les termes d'une interaction défavorable, on préserve ses moyens, puis en jouant dans un vide qui va attirer le plein adverse dans de mauvaises conditions, on se saisit de l'initiative. Cette stratégie, dite aussi du joueur en second, temporise dans un premier temps pour prendre ensuite les dispositions adverses à contre-pied.

Pour Sun Tzu, qui utilisa tant et tant l'image de l'eau pour illustrer l'art du management des ressources en situation de conflit, le flot se règle sur le relief et il en va de même pour une armée qui prend ses dispositions par rapport aux circonstances et à la situation de *l'autre*. Si celui-ci est fort, il constitue un obstacle, soit une hauteur. Il convient alors de rechercher sa faiblesse et d'user de la déclivité pour la réduire. Mais faire de cette proposition un dogme serait contraire à l'esprit même de la stratégie.

La souplesse adaptative et sans forme de l'eau est à même d'emprunter toutes les configurations possibles et imaginables. En lieu et place d'une tentative d'aide directe et hasardeuse qui aurait renforcé le jeu Wei, la manœuvre indirecte de Qi retourne la situation en usant du vide, d'une faille dans le dispositif offensif et en jouant sur la relation vitale de la force avec son origine. L'énergie initialement concentrée de Wei *(yang)* est détournée selon des itinéraires qui l'affaiblissent, à l'image de canaux de dérivation qui tempèrent puis réduisent le tumulte des eaux du fait de la topologie d'une configuration qui disperse.

Ce stratagème enseigne à ne pas se laisser conduire par les initiatives tierces et à rechercher la liberté de l'action avec élégance et économie. Le contre stratégique peut aussi être utilisé de manière dissuasive. En désignant ostensiblement une vulnérabilité adverse, le stratège communique explicitement à son opposant que le moment est mal choisi, ou que celui-ci s'expose à de graves désagréments[1]. Pour ce faire, il faut apprendre à lire et à identifier le potentiel des situations en termes de pleins et de vides, de topologies qui accélèrent et dynamisent les flux ou au contraire qui les ralentissent et les dissipent dans le cadre de relations d'interdépendance et de transformations continuelles.

D'une manière générale, le stratagème dans sa version chinoise procède d'un raisonnement plus stratégique (global) que tactique (local). On peut citer l'exemple d'un axe de la stratégie internationale de la République Nationaliste de Taïwan. Diplomatiquement, il est malaisé pour elle de

---

1. Sur ce point, voir « La dissuasion, une stratégie de communication », in *La Maîtrise de l'interaction. L'information et la communication dans la stratégie* de Pierre Fayard.

convaincre les grandes puissances de la soutenir au détriment de la grande Chine continentale communiste. Outre que les *grands* de ce monde commercent et parlent d'abord avec les *grands* de ce monde, poursuivre une telle stratégie l'épuiserait et la transformerait à terme en un fruit mûr pour son grand voisin. Mais ce qui est rude, d'un coût élevé, voire hors d'atteinte vis-à-vis des puissances dominantes, est plus aisé à concrétiser en s'adressant à des nations faibles qui ont un besoin essentiel d'aide pour survivre.

C'est ainsi que la République nationaliste de Taïwan s'est constitué un lobby d'alliés à moindre coût par son assistance auprès de quelques pays parmi les plus pauvres de la planète, mais dont les membres ont tous voix au chapitre à l'Organisation des Nations unies !

3

LE POTENTIEL DES AUTRES

Si tu veux réaliser quelque chose, fais en sorte que tes ennemis le fassent pour toi.
Proverbe chinois

User de la stratégie des autres comme d'un potentiel – L'inconscience du contexte rend manipulable – La composition stratégique – *Instrumentaliser*

Tuer avec un couteau d'emprunt / Faire périr par la main de quelqu'un d'autre / Kill with a borrowed knife / Murder with a borrowed knife / Matar con un cuchillo prestado / Pedir un arma prestada para matar al verdadero enemigo

Un grand groupe pharmaceutique met sur le marché un patch contenant une molécule favorisant le rééquilibrage hormonal des femmes attei-

> gnant la ménopause[1]. Le marché est immense mais la publicité médicamenteuse est très réglementée dans le pays concerné. Par ailleurs, ce groupe pharmaceutique veut éviter d'apparaître au premier plan dans la promotion de son produit. La ménopause et ses conséquences représentent un vrai sujet d'actualité journalistique de santé publique. Fort de cet élément, le groupe incite le laboratoire qui a synthétisé la molécule à produire un efficace dossier de presse et à le diffuser dans les rédactions des médias de masse. Ces derniers s'en emparent et traitent le sujet journalistiquement, les patients potentiels consultent leurs médecins, qui, informés professionnellement par le groupe pharmaceutique, prescrivent le patch que les patients achètent !

Lorsque quelque chose est difficile à réaliser ou à atteindre, faire en sorte que d'autres le fassent pour soi ! Tel est l'essence de ce troisième stratagème. L'exemple ci-dessus, tiré de l'actualité, développe la spécificité d'une stratégie de communication indirecte.

Pour de multiples raisons, le groupe pharmaceutique s'interdit la voie directe de l'information du public, information qu'il diffuserait par ses propres

---

1. Il s'agit d'un cas réel présenté dans les années quatre-vingt-dix lors de Journées de la communication médicale à Barcelone. À cette époque, le traitement hormonal de la ménopause n'était pas remis en cause dans les mêmes proportions qu'aujourd'hui.

soins et en s'exposant aux premières loges. La publicité est coûteuse en achat d'espace, mais aussi peu flexible : une fois qu'une campagne est lancée, elle est difficilement adaptable. La relation qui existe entre les produits, objets de promotion, d'une part et les intérêts de l'annonceur d'autre part étant évidente, le public-cible peut douter et rechigner à accorder à cette *information* un label d'objectivité. En d'autres termes, il sait et voit *à qui profite le crime* et en l'occurrence la vente du patch. En revanche, si des journalistes couvrent le sujet dans les médias comme d'un thème de santé publique et d'actualité scientifique, il en va de l'intérêt général de la société elle-même et non plus de celui d'un groupe pharmaceutique en particulier. En quelque sorte, le traitement par les médias *blanchit* le sujet et fait passer au second plan sa relation avec les intérêts du groupe pharmaceutique.

Peut-on dès lors parler de manipulation ? À première vue, les journalistes ne font qu'exercer leur métier en procédant aux vérifications d'usage de leurs sources et du contenu de leurs informations. Ils expliquent en recourant à des médecins, voire au témoignage de patientes, ils détaillent le mode opératoire de la molécule par rapport au mécanisme de la ménopause… mais, ce faisant, ils participent objectivement à la promotion du patch ! Indirectement, le groupe pharmaceutique utilise le mode de fonctionnement des médias pour son propre bénéfice et tout le monde en sort gagnant ! Le laboratoire qui a synthétisé la molécule développe sa notoriété, les journalistes, tout comme les médecins, font leur travail et les femmes ménopausées évitent les désagréments liés à cette époque de leur vie. Tout le monde est satisfait au regard de ses propres préoccupations locales ! La relation entre le producteur et le destinataire final passe par une chaîne d'intermédiaires. Chacun y investit sa compétence et son énergie, et contribue ainsi à l'efficacité de ce dispositif de communication indirecte.

Les exemples d'application de ce troisième stratagème reposent tous sur la connaissance et la mise à profit de l'articulation des différents niveaux de la stratégie, notamment entre ceux relevant de la *fin* (objectif) et des *moyens* (stratégie). On ne fait pas de la stratégie pour la stratégie, pas plus que l'on communique pour communiquer ou que l'on s'informe pour s'informer. La stratégie, tout comme la communication ou l'information, participe des *moyens* pour atteindre une *fin*. Elle contribue à défendre un intérêt ou à réaliser un projet. Tout acteur, collectif ou individuel, met en œuvre implicitement ou explicitement des stratégies, car il y va de la permanence de son existence et, au-delà, de son développement.

Dès lors qu'un stratège avisé saisit avec intelligence la logique des couples *fins/moyens* propres à d'autres acteurs, il est à même de concevoir une *composition stratégique* où ces derniers, tout en servant leurs finalités spécifiques, contribuent à réaliser celles propres au stratège au sein d'une configuration englobante. Dans notre exemple, les chercheurs, les journalistes et les médecins ne font qu'exercer leur activité, pourtant ils participent tous à la finalité du groupe pharmaceutique : la vente effective des patchs. En conséquence, les stratégies de ces différents professionnels sont instrumentalisées à un niveau supérieur qui les intègre, c'est-à-dire à l'intérieur de la stratégie indirecte du groupe pharmaceutique !

Par souci d'invisibilité et d'économie, l'art stratagémique chinois considère toute stratégie d'acteur comme un *potentiel* ni bon ni mauvais en soi mais disponible pour qui sait en lire les logiques et les ressorts sous-jacents. À partir du moment où les couples *fins/moyens* sont correctement identifiés et que des dispositifs adéquats les agencent et les mettent en œuvre, l'intelligence peut les conduire de manière implicite sans que leurs porteurs s'en rendent compte. L'engagement des scientifiques, des journalistes et des médecins ne résulte pas d'une action de persuasion frontale, de lobbying ou de relations publiques, car ils ont tous agi selon leurs propres logiques professionnelles.

En poussant plus avant le raisonnement, on en vient à considérer que les moyens d'un ennemi ou d'un compétiteur ne représentent pas forcément un obstacle. Ils peuvent être mis à profit par le savoir-faire englobant d'un stratège créatif qui ne s'encombre pas d'un rejet absolu de *l'autre* sous prétexte qu'il ne fait pas officiellement partie de son camp ! L'ensemble de ses moyens n'est ni menaçant ni inoffensif en soi, mais leur insertion et leur usage dans le cadre d'une stratégie pertinente et astucieuse leur confèrent une efficacité spécifiquement orientée. En chef d'orchestre invisible, le stratège conduit et maîtrise discrètement *l'interaction des volontés* dans un concert dont il est seul à connaître la partition. C'est à partir de la compréhension de la logique journalistique et des médias que les hommes politiques calibrent et cisèlent leurs déclarations afin qu'images et slogans soient relayés efficacement vers l'opinion et les électeurs.

Les acteurs les plus manipulables sont toujours ceux dont le champ de vision se limite au strict périmètre local de leur activité. Ceux-ci négligent de reconnaître et de prendre en compte le point de vue et la spécificité des projets et des stratégies de protagonistes qu'ils ignorent et avec qui pourtant ils sont objectivement en relation. Pour revenir à l'exemple emblématique de ce stratagème, plus les scientifiques, les journalistes et les médecins se comportent exclusivement comme des scientifiques, des journalistes et des médecins, moins ils prennent de distance avec leur action et moins ils contextualisent (global) l'exercice de leur profession.

Ils deviennent ainsi objectivement manipulables, sans en être conscients, mais à qui la faute, si ce n'est à leur déficit de conscience ou de... citoyenneté ? Dans le registre du conflit, pourquoi un stratège n'engagerait-il *que* ses moyens, si dans son environnement, ou en jouant sur des relations ou des rivalités, il peut se procurer des alliés, qui, en s'engageant, vont contribuer à la réalisation de ses propres objectifs ? Dans les situations délicates et peu favorables, les actions directes et frontales renforcent souvent la cohésion des résistances plus qu'elles ne les n'affaiblissent, surtout en matière de communication. À l'inverse, jouer sur la distance donne de l'espace et de l'oxygène à l'expression d'activités, voire à d'*utiles* querelles internes.

Les rivalités récurrentes qui, de tout temps, sourdent dans la relation entre les califes et les vizirs de n'importe quelle organisation, bien plus que mésententes à déplorer, constituent aussi un potentiel d'action. Ces ressources peuvent être enrôlées dans des opérations où la main discrète du stratège privilégie l'efficacité aux feux de l'actualité. Des stratégies tierces sont alors stimulées et encouragées mais objectivement instrumentalisées et composées dans la finalité d'un plan qui les intègre et les dépasse.

Ce jeu complexe des interactions doit être managé subtilement et avec suffisamment de discrétion pour que l'on ne distingue pas qu'il y a anguille sous roche. Si l'intervention extérieure se fait sensible car trop directe, la révélation au grand jour de la composition stratégique peut donner lieu à une dénonciation et à un mécanisme de rejet qui peut s'avérer foudroyant. La ruse est un art périlleux où le rapport *faible investissement/grand effet* peut jouer autant pour soi que contre soi en cas de maladresse.

Ce troisième stratagème recommande une attitude très particulière du stratège par rapport à un environnement dans lequel il ne voit pas l'expression de qualités intrinsèques ou d'appartenances définitives, mais l'expression évolutive de potentiels disponibles parce que soumis à l'effet de conditions changeantes. Ce faisant, nul ne saurait être blâmé de ne pas disposer des moyens nécessaires à la conduite d'une stratégie lui permettant d'atteindre ses fins, mais il serait coupable de ne savoir comment se les procurer par son art.

4

LES VASES COMMUNICANTS

Le stratège attire l'ennemi et ne se fait pas attirer par lui.
Sun Tzu

Concentration et dispersion – Jouer la montre – Attirer et ne pas se faire attirer – Remplir sa bourse – Épouser le rythme favorable – *Transvaser*

Attendre tranquillement un ennemi qui s'épuise / Utiliser le repos pour fatiguer quelqu'un / Entretenir ses forces et conserver son énergie en attendant un acte décisif / Wait at ease for the fatigued enemy / Relax and wait for the adversary to tire himself out / Let the enemy make the first move / Wait leisurely for an exhausted enemy / Relajarse mientras el enemigo se agota a si mismo / Afrontar a quienes están cansados mientras uno mismo está relajando

> Des élections approchent et les candidats se bousculent. Tous rêvent d'en découdre. Les arguments affûtés ne demandent qu'à s'étaler au grand jour. Les militants et les supporters sont gonflés à bloc dans la proche perspective de l'instant de vérité où les programmes entreront en confrontation et où la lumière de l'évidence s'imposera aux électeurs...
>
> Pourtant, l'élu sortant ne se manifeste pas alors que tous l'attentent, voire le pressent à se déclarer. Voulant le faire sortir de sa réserve, les compétiteurs le provoquent en exposant leurs atouts, leurs projets et d'acerbes critiques à l'encontre de la politique conduite jusque-là.
>
> Le temps passe et l'élu sortant temporise. Puis, au dernier moment et fort du bénéfice d'une vision globale des argumentaires de ses opposants, il lance avec calme, détermination et légitimité ses troupes à l'assaut d'un électorat fatigué par les arguties et les programmes concurrents alors que les partisans adverses n'ont plus l'énergie de leurs débuts. Et le sortant, tel un sauveur, ramasse la mise !

Ce stratagème se fonde sur une relation de vases communicants entre accumulation et dispersion, renforcement et affaiblissement, sommet de la montagne et horizontalité réceptive de la plaine. Pour se consolider par rapport à une concurrence, il n'est pas toujours nécessaire de choisir un comportement offensif à tous crins surtout si *l'autre* se situe au faîte de sa concentration et de sa détermination.

En termes de *yin* et de *yang*, l'extrême d'un état augure du début de son contraire. C'est pourquoi il est parfois avantageux de temporiser, d'accumuler des forces, de ne pas les dépenser et d'attendre que la relation devienne favorable. À l'image de la plaine qui reçoit les flux de la montagne, celui qui diffère l'engagement renforce sa position parallèlement à l'érosion relative de celle de *l'autre*. Clausewitz nommait *point culminant* d'une offensive le seuil au-delà duquel les qualités s'inversent et où le défenseur passe à offensive alors que l'attaquant, qui n'a pas emporté la décision, se retrouve dans une position défensive de grande vulnérabilité étant donné l'étirement de ses lignes de communication.

Ainsi en fut-il des campagnes de Napoléon puis de Hitler dans la profonde Russie. Leurs armées, réputées invincibles, se sont délitées au-delà de ce seuil fatidique. Ce quatrième stratagème recommande de ne pas agir ou réagir passionnellement, mécaniquement ou hâtivement, car cela revient à subir et à se conformer au jeu de celui qui a choisi le lieu, le moment et les formes d'une interaction *a priori* favorable pour lui. Si les moyens de la sécurité dans le non-engagement existent, il est préférable d'attendre que se retourne le rapport des forces sous l'effet de la durée. Alors seulement, et en connaissance de cause, le stratège s'emparera de l'initiative.

Le temps qui passe fait tourner le cycle des transformations qui veut qu'au maximum de la force corresponde aussi le germe de la faiblesse. Midi est le début de la nuit, comme minuit celui du jour. Passée la douzième heure, la lumière au faîte de son expansion et ne pouvant plus progresser, enfante en son sein la nuit qui lui succède. En s'insérant dans cette logique, le stratège n'agit plus seul mais avec le concours du temps dont il se fait un allié.

D'ordinaire la force brute cherche à s'imposer à court terme et à travers une relation frontale. En effet, pourquoi faire lentement et compliqué lorsqu'une décision rapide est mathématiquement à portée de main ? Mais celui qui ne dispose pas de la supériorité du nombre choisit la souplesse et l'adaptabilité. Sans espoir d'atteindre une décision à brève échéance, il investit dans le travail du temps, il prend du champ, il n'offre pas de point d'appui à l'offensive adverse et évite toute confrontation immédiate. Le repos augure de l'activité et l'activité est suivie de fatigue. Celui qui se repose accumule des moyens là où l'actif crée les conditions d'un repos d'autant plus nécessaire que son énergie se disperse.

Par ailleurs, une tranquillité apparente, doublée d'une absence de réaction face à une agression dont on se tient à distance a un pouvoir de contagion susceptible d'atténuer la tension de la détermination adverse. Le point culminant de l'offensive survient alors que *l'autre* n'a pas concrétisé l'objectif qu'il poursuit. Une nouvelle mobilisation de sa

Les vases communicants 51

part passe par une phase préalable de repos. Cela fait le jeu du stratège qui se saisit de l'avantage du temps et de l'initiative lors d'une phase de relâchement de son ou de ses concurrents à l'instant où les qualités sont sur le point de s'inverser. En Chine, il est dit que l'homme a l'apparence de la force et de la supériorité sur la femme mais que celle-ci le domine en définitive par une docilité extérieure qui masque une volonté intérieure et à long terme.

La posture rusée de ce quatrième stratagème est fondée sur la relativité et l'interchangeabilité des états entre eux. Nous sommes là dans la première famille, celle dite de la position supérieure dans le classique des *Trente-six Stratagèmes*. N'étant pas acculé, *le même* temporise en mettant à profit sa liberté d'action tout en imposant à *l'autre* la dépense et l'usure de ses forces. Cette relation dialectique est pensée dans un tout, au sein d'une interaction où l'augmentation d'une faiblesse quelque part signifie l'accroissement d'une force ailleurs. En observant et en se plaçant avec intelligence sur une position hors d'atteinte (globale) on se procure à terme l'avantage (local).

Ce stratagème témoigne d'une caractéristique majeure dans la culture stratégique chinoise qui, philosophiquement, évite de jouer force contre force, *yang* contre *yang*, explicite et orthodoxe contre explicite et orthodoxe... Elle privilégie au contraire l'alchimie transformatrice de la complémentarité qui fait circuler l'énergie d'un pôle à un autre. C'est ainsi que l'on engage le petit contre le gros, le changeant contre l'immobile, le stationnaire contre le mobile. La référence n'est pas l'opposition et la confrontation mais le jeu rythmique des flux qui rappelle le cycle des saisons s'enchaînant les unes les autres.

Le stratagème des *vases communicants* requiert une attente active et vigilante. L'aïkidoka n'oppose pas force contre force. L'art dynamique de son positionnement épouse le mouvement adverse et le conduit du fait d'une intelligence globale et d'un sens du rythme qui lui permet d'agir dans les interstices vides du mouvement de l'autre. En étant juste dans son anticipation et en accompagnant le déploiement de la force offensive, il l'inscrit dans la logique supérieure d'un cheminement vers les finalités de toute expression d'une énergie : le repos au moyen d'une immobilisation ou la projection qui la disperse dans l'espace. C'est en se conformant, plus qu'en s'opposant, au mouvement agressif de l'autre, qu'il l'oriente et le transforme selon la logique éternelle du *yin* et du *yang*.

L'aïkidoka n'agit pas de manière indépendante et isolée. En s'élevant au niveau de l'interaction des deux volontés, il réalise le travail de la nature en accompagnant une force vers le sommet à partir duquel elle décline pour renaître ensuite. Il n'y a pas opposition mais composition ! L'intelligence, le positionnement et l'aptitude au rythme dominent la possession temporaire de l'énergie et/ou de la force supérieure. La logique de ce stratagème, qui reproduit un mécanisme naturel en jouant sur le temps, est tout aussi applicable à des situations de conflit qu'à des relations de collaboration.

5
LE CHAOS FERTILE

*La tâche première du général est de se rendre invincible.
Les occasions de victoires sont fournies
par les erreurs adverses.*
Sun Tzu
*La victoire est le fruit de l'ordre interne
qui règne dans un État.*
Jean Levi [1]

**À quelque chose malheur est bon – L'ordre
se délite, opportunité – Le réseau fait
la force – Décadence/construction –** *Profiter*

Piller les maisons qui brûlent / Profiter d'un incendie pour commettre un vol / Tirer profit du malheur d'autrui / Loot a burning house / Saquear una casa en llamas / Observar los problemas ajenos desde un punto de observación seguro

---

1. Voir la traduction par Jean Lévi de *L'Art de la guerre* de Sun Tzu.

> Deux jeunes ambitieux sans convictions particulières veulent entrer en politique. Surviennent des élections. Le Parti Bleu en charge des affaires depuis plus de deux décennies essuie un raz de marée électoral qui le chasse du pouvoir au profit d'une écrasante majorité de députés du Parti Rouge. Voyant l'opportunité à saisir, le premier des jeunes ambitieux prend immédiatement contact avec des responsables du Parti Rouge et fait une offre de services en arguant de ses grandes compétences, car la tâche des vainqueurs promet d'être considérable… Le second, plus stratège, prend modestement sa carte au Parti Bleu.
>
> Quelques années plus tard, le premier, qui a adhéré au Parti Rouge, espère encore être désigné candidat à la députation en vue des prochaines législatives quand celui qui a choisi le Parti Bleu est déjà ministre du fait d'une alternance ! Qui a misé sur le Parti Rouge a dû batailler ferme pour s'imposer dans un trop plein de bonnes volontés et de personnel politique frustré depuis vingt ans et désireux d'être payé en retour pour sa fidélité et son militantisme. En revanche, celui qui épousa la cause du Parti Bleu lorsqu'il était au plus bas a été magistralement propulsé au titre de rénovateur de conviction…
>
> Le jeune adhérent du Parti Rouge a joué seul contre une marée de militants. Celui du Parti Bleu a été porté par un mouvement de fond. Il s'est placé facilement à la naissance d'une vague quand son prétentieux collègue a voulu chevaucher une déferlante sans y avoir été invité !

Pour Sun Tzu, l'invincibilité dépend de soi et les occasions de victoire résultent des erreurs d'autrui.

C'est pourquoi il recommande au stratège de s'attacher prioritairement à la solidité de son organisation en la fondant sur un tissu humain de relations légitimes, confiantes et ritualisées pour en faire un tout solidaire et réactif. Cette injonction rejoint l'application du principe de l'économie des forces, qui, en articulant dynamiquement des moyens dans un système souple et communicant, les fait concourir de manière optimale aux tâches fixées par le stratège. La concentration en fonction des besoins devient aisée.

Le même Sun Tzu considérait les armes comme des instruments de mauvais augure dont l'usage ne devait être fait qu'en toute dernière extrémité et parce que les autres procédés, plus nobles et plus recommandables, avaient préalablement échoué. L'attention première du stratège ne s'attache donc point aux armes, mais à la concorde civile interne à son organisation. Si la culture du stratagème[1] recouvre le grand art de la manipulation, elle apprend aussi à s'en garder et elle représente en cela une forme d'enseignement, une voie vers la sagesse. Construire solidement et ne pas prêter flanc à la déstabilisation en provenance de l'extérieur suppose une excellence dans le management des hommes et dans la lecture de l'évolution des circonstances.

---

1. Voir *La Maîtrise de l'interaction. L'information et la communication dans la stratégie* de Pierre Fayard.

On n'a que trop tendance à confondre de façon réductrice stratégie avec destruction et violence, ce qui, pour les anciens Chinois, ne manifeste que l'échec de la grande stratégie ! Comme le médecin chinois était rétribué parce qu'il maintenait en bonne santé, le stratège est d'autant plus admirable que son recours à la force est limité.

Une fois un bon fonctionnement relationnel établi, il est possible de jouer sur les vulnérabilités des organisations proches, lointaines ou concurrentes afin d'en tirer avantage. Pour se procurer des occasions de victoire et de prospérité, le rôle de l'information, de la surveillance et de l'intelligence est critique. Mais plutôt que de jouer contre la force de l'autre, on cherche plutôt à l'affaiblir en augmentant ses dysfonctionnements internes. En d'autres termes, le chaos est profitable pour s'approprier ce qui a de la valeur, si l'on est prêt et en sécurité. Cette relation d'échange entre un lieu de désorganisation et un autre de croissance obéit à un mécanisme selon lequel une stabilité grandissante attire et sédimente les éléments épars en mal de boussole.

La force gravitationnelle d'une organisation efficace[1], fonctionne tel un aimant, elle fait la différence par l'excellence. Au besoin, ses acquisitions résul-

---
1. Voir à ce propos les thèses du Maréchal Lyautey sur la guerre coloniale qui assimilait la conquête à une administration qui fonctionne (voir *Le rôle social de l'officier*).

tent de l'application d'une force minime, comme si les jeux étaient préalablement faits. Le potentiel accumulé par le stratège et la libre disposition de ses moyens le rendent à même de saisir les occasions de telle sorte qu'il gagne avant de s'engager. Il est possible de rapprocher l'esprit de ce stratagème de la philosophie de l'*awélé*[1], jeu emblématique du continent africain, où il n'est pas recommandé de s'emparer de l'initiative d'emblée pour conduire la partie. L'accumulation d'un potentiel de graines, initialement en partage, a pour effet de restreindre la part de *l'autre*, dont la marge de manœuvre s'amenuise jusqu'à ce qu'il soit acculé à subir les décisions du *même*.

Force et faiblesse croissent parallèlement en sens inverse. Le refus de saisir l'initiative tactique, c'est-à-dire à court terme et pour peu de profit, crée les conditions ultérieures de l'initiative stratégique, dont l'amplitude et les résultats sans commune mesure. Pour ce faire, on calcule et prévoit afin de tirer avantage de la pleine disposition de ses moyens avant un engagement décisionnel longuement préparé. En Chine, le *yin* précède le *yang* comme la nuit précède le jour, c'est pourquoi au jeu de *go* le détenteur des pierres noires entame la

---

1. Dit aussi *jeu des semailles*, voir *L'Awélé, jeu de stratégie africain* de François Pingaud, *L'Awélé, le jeu des semailles africaines* de François Pingaud & Pascal Reysset et *Stratégie des joueurs d'awélé* de Jean Retschitzki.

partie à l'inverse des échecs. Le sans-forme précède la forme, dont le devenir est sans forme.

La désorganisation de *l'autre* peut se manifester dans l'espace mais aussi dans le temps. L'aviateur nord-américain John Boyd[1], à travers sa théorie de la paralysie stratégique, montre comment prendre de vitesse et vaincre au moyen d'un raccourcissement de la boucle dite OODA[2] qui permet au *même* de ne pas donner prise à l'autre et de se procurer des fenêtres temporelles d'opportunités, manifestées sous la forme de vides dans la défense.

John Boyd développe cette théorie à partir de la référence tactique de la rencontre entre deux avions de chasse. Celui qui l'emporte est souvent celui qui bénéficie d'une plus grande mobilité renseignée par des capacités de perceptions, d'interprétation, de décision et de mise en œuvre plus rapides que son adversaire. Qui Observe, s'Oriente, Décide et Agit plus vite que *l'autre* dispose d'une marge de liberté d'action supérieure et peut profiter de ces gains de temps pour adapter l'engagement de ses moyens. À partir de la compréhension du mode de fonctionnement de la boucle OODA adverse, il est aussi envisageable de la ralentir en la grippant. Comme la liberté d'action dans une situation de concurrence ou de conflit, le gain de temps fait la diffé-

---

1. Voir *La paralysie stratégique par la puissance aérienne, John Boyd et John Warden* de David Fadok.
2. Observer, Orienter, Décider, Agir, voir www.belisarius.com.

rence, car si l'un est plus agile c'est que l'autre est plus lent. La victoire revient à qui est le plus juste temporellement dans son adéquation aux circonstances et qui a la libre disposition de ses moyens[1].

---

1. Sur le concept d'agilité stratégique découlant des travaux de John Boyd, voir ceux d'Ana-Cristina Fachinelli.

6
LA STRATÉGIE ADORE LE VIDE [1]

Celui qui sait quand s'engager, fait en sorte que l'autre ignore quand se défendre.
Sun Tzu

Faux plein et faux vide – Jouer des apparences avec tromperie – Confondre sur le danger – *Dériver*

Mener grand bruit à l'est pour attaquer à l'ouest / Clameur à l'est, attaque à l'ouest / Faire du bruit à l'est et attaquer à l'ouest / Make a feint to the east while attacking in the west / Feint to the east, attack to the west / Make noise in the east and attack in the west / Fingir ir hacia el este, mientras se ataca por el oeste

---

1. Voir *Le Tournoi des dupes* de Pierre Fayard.

Depuis des mois les troupes d'un souverain s'efforcent de s'emparer d'une cité qui résiste avec succès à un siège acharné. À l'abri des hauts murs, les défenseurs observent les mouvements des assaillants, adaptent leurs efforts en conséquence et réduisent systématiquement les assauts. Devant cette situation bloquée, un conseiller avisé recommande au souverain de sortir au plus tôt de cette relation d'équilibre figé sans autre issue à terme qu'une retraite honteuse et prochaine. Pour redonner vie à cette relation, déclare-t-il, il faut dissocier apparence et réalité, fixer la force ennemie sur un leurre et concentrer la nôtre sur son lieu de dispersion.

Le temps passe et une inactivité pesante inquiète les assiégés qui s'interrogent avec une angoisse croissante sur les intentions non-manifestes des assiégeants ! Soudain, les attaquants engagent de grandioses préparatifs en vue d'une offensive sur les remparts de l'Est comme s'il s'agissait d'un ultime effort, qui, se soldant par un échec mettrait un terme au siège. Au vu des dimensions de la mobilisation, les assiégés sentent leur anxiété se relâcher car désormais ils connaissent la direction de l'assaut et peuvent en conséquence s'y préparer activement. Leurs efforts ont un point d'application et une direction.

Au petit matin de l'attaque, les remparts de l'Est sont garnis de troupes d'élites et tous les instruments et matériels de défense s'y massent. Mais au soir, les assiégeants après avoir brisé les défenses de l'Ouest, sont entrés dans la cité et ont obtenu la reddition de leurs adversaires qui attendaient le péril de l'Est (apparence) alors qu'il est

> venu de l'Ouest (réalité) ! En se déterminant sur des apparences trompeuses, les défenseurs ont eux-mêmes organisé leur vulnérabilité !

Lorsque deux mouvements s'annulent et qu'une situation est bloquée, rien ne sert de foncer tête baissée et de consommer ainsi son potentiel. *Yang* contre *yang* ne donne que destructions stériles lorsque les forces jetées dans la bataille s'équilibrent ou que la décision ne peut être atteinte. Aucun développement nouveau ne permet à la situation d'évoluer et de se transformer dans un sens ou dans l'autre. Plein contre plein n'a d'autre issue que l'épuisement mutuel et au mieux le *statu quo*[1].

Dans la culture stratégique de la Chine ancienne, vaincre au prix d'importantes destructions est contraire à l'art, et signifie plutôt absence d'intelligence et de savoir-faire. Il est dès lors nécessaire de provoquer du mouvement, des modifications et du flux dans les énergies de sorte à générer des espaces de liberté d'action tactique et d'user de rythmes contraires pour prendre l'adversaire à défaut. Tel fut le cas de la manœuvre allemande de la Percée des Ardennes en 1940 alors que l'état-major français, confiant dans la solidité et la

---

1. En général, ce sont les protagonistes situés dans l'environnement des belligérants qui tirent les marrons du feu.
Voir l'épuisement des puissances européennes au cours des deux guerres mondiales du XXe siècle qui a favorisé la suprématie grandissante des États-Unis d'Amérique et de l'URSS.

concentration de ses meilleures troupes sur la ligne Maginot se pensait hors d'atteinte. Cette présomption l'a aveuglé et la colonne de chars de Guderian, concentrée sur un axe étroit, appuyée par une aviation offensive et coordonnée par radio, désorganisa en quelques jours un pays entier doté, pensait-on, des meilleures forces armées terrestres de l'époque ! Mais ce mouvement offensif n'aurait vraisemblablement pas eu autant de chances de succès en l'absence de la ligne Siegfried qui, de l'autre côté du Rhin, donnait le change à la ligne Maginot et polarisait l'attention de l'état-major français sur un axe de focalisation non-décisif des efforts.

Pour André Beaufre[1], le vainqueur d'un conflit est celui qui sait maîtriser l'interaction des volontés des protagonistes, c'est-à-dire son jeu, celui de son adversaire et la confrontation des deux qui s'adaptent au changement des circonstances. C'est à partir de cette dynamique évolutive qu'il conviendrait de concevoir et de conduire toute stratégie. Dans l'exemple de la ville assiégée, au départ la dynamique est figée, le mouvement de l'un est annulé par celui de l'autre et il n'est d'espace pour la vie, pour la transformation. Dans ce face-à-face tactique, l'action de l'un *lie* celle de l'autre, mais le stratège qui le comprend effectue un premier pas vers la victoire. Dès lors, il peut maîtriser conceptuellement le jeu du même, celui de l'autre et leur interaction.

---

1. Voir son *Introduction à la stratégie*.

La stratégie adore le vide est d'autant plus aisé à mettre en œuvre que l'adversaire est en attente d'une initiative sur laquelle se régler. Plongé dans une expectative angoissante pour cause d'incertitude, il se sent soudain libéré par l'information que lui livre faussement *le même*. C'est alors qu'il s'engage dans des dispositions concrètes et déploie une énergie jusque-là orientée sur la longueur d'onde *angoisse et impossibilité d'action* ! Plus l'attente se prolonge, moins par la suite il est enclin à la prudence lorsqu'enfin des signes indicateurs s'accumulent pour indiquer la direction des efforts.

Pour qui choisit de mettre en œuvre un tel stratagème, temporiser préalablement est stratégique et participe de la ruse elle-même ! Ce qui apparaît comme des signes avant coureur du *yang* (clameur à l'Est) n'est en fait que désinformation (*yin*) et crée les conditions *yin yang* favorables à l'assaillant à l'Ouest où sa force rencontre la faiblesse adverse. Ce stratagème joue sur la relation complexe qui existe entre vrai et faux, réel et apparences… Il modèle et conduit la perception de *l'autre* en le fourvoyant quant aux places respectives du vrai et du faux, du manifesté et du non-manifesté, du *yang* et du *yin* et l'incite à prendre des dispositions prévisibles et calculables. Pour conduire la tension de l'adversaire, on se règle sur les propres attentes de *l'autre*, sur son système de valeurs et sur son jugement plutôt que de s'efforcer à lui en imposer de l'extérieur.

L'efficacité de ce jeu s'évalue à ce que *l'autre* pense effectivement de l'action du *même*. Ce *monitoring* de l'esprit adverse est une nécessité permanente car les protagonistes, unis par l'interaction de leurs volontés, n'agissent pas indépendamment l'un de l'autre. Le sage-stratège s'élève au-dessus de son point de vue particulier, il prend en compte celui de son opposant pour penser et gérer la dialectique de l'interaction. Sa stratégie intègre les trois échiquiers. La nature d'une attente est potentiellement porteuse de réponse, il s'agit là d'une situation favorable car le désordre recherche l'ordre, l'incertitude recherche la certitude. Dans l'exemple utilisé pour illustrer ce stratagème, les dispositions défensives à l'Est se mettent en place sur la foi de signes non-vérifiés. Cette manipulation qui présente toutes les apparences d'un ordre sera d'autant plus efficace qu'une expectative angoissée la précède. Pour Sun Tzu, le bon général gagne à distance en s'attaquant à la stratégie de son ennemi et en manipulant son esprit.

En stratégie, l'absence de mouvement est préjudiciable. L'équilibre statique ne relève pas du règne de la nature car l'interaction permanente et transformatrice du *yin* et du *yang* préside à ses rythmes. Vouloir figer un état de fait, sous prétexte qu'il est satisfaisant pour l'un des protagonistes, revient à prétendre rester jeune éternellement, dominer perpétuellement ou croire qu'un empire est immortel, parce que les contemporains n'envisagent pas d'alternative et que l'on s'en contente. Un tel état d'esprit préfigure des chutes brutales et souvent catastrophiques. À trop vouloir que rien ne bouge, à répéter que l'éternité d'un état est de ce monde, on se rend sourd et aveugle au travail des circonstances. La grande stratégie qui permit à l'empire Byzantin de durer près d'un millénaire s'est fondée sur des menées agressives et dissuasives permanentes sur ses confins. Le *nirvana* politique ne s'acquiert pas dans une pochette surprise, pas plus qu'il ne se fonde sur un bréviaire de croyances proférées rituellement dans la chaude protection ouatée d'œillères confortables, aujourd'hui souvent médiatiques et incantatoires.

PARTIE II
STRATAGÈMES DU FIL DU RASOIR

> Stratagèmes de confrontation et des batailles incertaines – Stratagèmes en position de contre-attaque – Stratagems for confronting the enemy – Opportunistic strategies. – Estrategias de confrontacion

    7   Créer à partir de rien
    8   Vaincre dans l'ombre
    9   Profiter de l'aveuglement
  10   Le sourire du tigre
  11   Qui sait perdre gagne
  12   La chance se construit

Cette seconde famille de stratagèmes est pour partie annoncée par le dernier de la série précédente. D'une manière générale, elle s'applique à des situations à l'équilibre instable, susceptibles de basculer d'un moment à l'autre vers un changement d'état possiblement durable. L'instant est stratégique, les risques sont importants et le péril bien réel. Si le fléau de la balance oscille progressivement dans une direction, inverser la tendance devient vite illusoire car l'amplification peut devenir inexorable.

Cette famille de stratagèmes s'applique à des situations de bifurcations. Les moyens engagés ou les forces classiques s'annulent dans leurs effets sans aboutir à d'autre résultat que le maintien d'une stabilité fragile et dangereuse. C'est alors que l'astuce, le secret et les montages non-conventionnels prennent la relève pour amorcer une perturbation créatrice d'un état favorable et durable. Le sens du rythme est ici pleinement sollicité, les fenêtres d'opportunités, une fois identifiées, sont saisies au vol car elles sont brèves et les renversements sont toujours possibles.

7
CRÉER À PARTIR DE RIEN

Toute chose dans l'univers a été créée à partir de quelque chose qui a été créé du néant.
Lao Tseu [1]
Tout flatteur vit aux dépens de celui qui l'écoute.
Jean de La Fontaine

Quand le mirage crée la réalité – Toute chose de ce monde procède du néant – Le corbeau et le renard – Accoucheur de futur – *Créer*

Transformer le mirage en réalité / Créer quelque chose à partir de rien / Là où il n'y a rien, inventer quelque chose / Create something out of nothing / Make something out of nothing / Crear algo a partir de nada

---

1. in *Tao Te King : le livre de la Tao et de sa vertu.*

Un conseiller sans maître, sans le sou et qui n'a que son intelligence pour lui ne dispose d'aucun appui dans sa recherche d'un employeur. À l'affût de tout renseignement utile, il apprend qu'un roi sans reine et passionné par le beau sexe entretient de nombreuses concubines. Comment tirer profit de ces informations connues de tous afin de trouver un emploi ? Un soir que le cortège royal passe par la cité, le conseiller chômeur vante à haute voix la beauté, la grâce, la subtilité et la sensualité des dames d'un royaume très lointain. Le monarque le fait convoquer séance tenante et le missionne en vue de revenir avec quelques-unes de ces créatures de rêve. Las, le conseiller avoue son indigence ! Qu'à cela ne tienne, le roi lui fait verser une somme rondelette pour ses frais et sa peine.

Apprenant la nouvelle, les concubines s'affolent : nous qui réussissions tant bien que mal à maintenir une harmonie dans nos relations, quelle funeste concurrence se profile à l'horizon ! Elles convoquent le conseiller séance tenante pour le convaincre de ne pas s'acquitter de sa mission. Mais le roi m'a payé et je suis engagé, proteste celui-ci ! Qu'à cela ne tienne, nous t'en donnons le triple pour que tu n'honores pas tes engagements auprès du souverain. Elles s'acquittent aussitôt de la moitié de leur promesse, l'autre restant à venir en fonction des résultats ! De sans ressources qu'il était, le conseiller devient doublement riche, mais comment assurer la durée et la sécurité de cette situation ?

Le temps passe, vient le moment de rendre des comptes au roi. Le conseiller visite préalablement les concubines et les enjoint de feindre d'être souffrantes pour ne pas satisfaire le roi dans les nuits qui précèdent sa convocation. Pour couronner de succès la mission qu'elles lui ont confiée, il leur demande de pénétrer dans la cour royale vêtues de leurs plus beaux et affriolants atours au moment même de sa comparution devant le roi. Il les presse d'user de tous les artifices que leur intelligence conçoit et que leur expérience enseigne pour séduire le monarque. Vient le moment critique.

Alors que le conseiller entre seul dans le palais, le roi s'étonne de le voir ainsi, mais aussitôt le cortège éblouissant des concubines s'engage dans la cour. Brusquement, le conseiller se jette à terre, se prosterne, gémit, blanchit, il s'arrache les cheveux, déchire ses vêtements et se maudit en revendiquant sa mise à mort immédiate... Le roi, surpris, le fait taire. Pourquoi gémir, mais surtout, pourquoi est-il seul ? Le désespoir du conseiller redouble et il s'accuse d'être menteur et fourbe (ce qui est vrai), dépourvu d'intelligence et de discernement (ce qui est faux).

Ces dames qui se tiennent auprès du roi, déclare-t-il en désespoir de cause, sont sans nul doute aucun les créatures les plus gracieuses, les plus subtiles et distinguées, les plus élégantes et raffinées, les plus magnifiques que la face du monde ait eu le loisir de contempler ! L'homme qui en est le maître est béni du Ciel, sa gloire est appelée à s'étendre par-delà les fleuves, les montagnes et les océans... L'homme aimé par ces dames n'est pas seulement le plus riche, le plus juste et plus sage, mais son peuple ne peut que se glorifier de

> l'avoir pour souverain... Ces dames lointaines dont ma prétention m'a conduit à vanter les mérites ne sont que des fleurs passagères... qu'il serait outrageux de présenter à la face d'un tel monarque. Moi qui me gaussais de pouvoir conseiller les princes et les monarques, je ne suis que le plus misérable des ignorants et je mérite de ne plus nuire !
>
> Charmé par ce discours tenu en public dans son palais, mais aussi par la magnificence de ses concubines, le roi conclut que ce conseiller a effectivement très bon goût. Il ordonne en conséquence qu'on le relève et qu'on lui accorde une charge fixe à la cour. Quant aux concubines, elles savent d'expérience qu'il est effectivement un conseiller précieux, puisqu'il sait défendre dans le même temps, une cause et son contraire tout en s'enrichissant par le service de la sienne propre !

C'est en usant des tensions existantes dans une situation, c'est-à-dire des penchants et sentiments du roi et de ses concubines, que le conseiller sans charge met en œuvre le dispositif qui donne progressivement consistance à son objectif d'obtenir un emploi. La conception et l'articulation de ce stratagème requièrent la création d'un espace, matrice et vide, propice pour que la manigance germe et se développe. Mais un tel vide ne flotte pas dans le néant, il s'enracine dans les passions (potentiels) des acteurs de la cour. Peu à peu, il est innervé et comme vascularisé par les effets de la dynamique des interactions entre les acteurs, et

Créer à partir de rien   77

c'est ce qui fonde la marge de manœuvre du stratège. L'intention, ou l'inexistant, se fraie passage vers la lumière et prend de la consistance sous l'effet des interactions du couple *intelligence créative/sens du rythme*, dont les temps forts actualisent les changements qualitatifs dans la situation. Il est dit des personnes innovantes qu'elles savent se projeter dans l'avenir parce qu'elles devinent avant les autres de quoi le présent peut être porteur.

Ce stratagème de création apparaît sans doute comme l'un des plus emblématiques, non seulement de cette série, mais de l'ensemble des trente-six stratagèmes, et au-delà, de la culture stratégique de la Chine ancienne elle-même. Il fonctionne sur la relation dynamique qui lie d'une part le non-existant, le non-évident, l'obscur et le caché à l'existant, le reconnu et validé, ce qui apparaît en pleine lumière d'autre part. Le manifeste observable par tous (*yang*) plonge ses racines dans le non-existant, le non-manifesté, ce que l'on ne voit pas (*yin*). L'invisible constitue les limbes et la matrice de ce qui, demain, sera tangible et accepté par tous. Tirer parti de cette logique nécessite d'avoir du flair et de le combiner avec un certain sens de la mise en scène et un à propos fondé sur une vision stratégique globale et flexible.

Ce stratagème, qui fonctionne aussi sur l'alternance du faux et du vrai, de l'illusion et du réel, peut être schématisé selon trois phases successives qui intervertissent les positions de contraires comme, par exemple, le sentiment du danger ou de son absence. Une autre application en témoigne : celle d'une ville assiégée qui se trouve dans l'incapacité de prévenir ses alliés afin qu'ils volent à son secours. Tous ses messagers successifs sont promptement capturés et passés par les armes. C'est là que le stratagème intervient. Un beau jour à midi, le pont-levis de la cité se baisse et un petit groupe de cavaliers en sort. Branle-bas de combat chez les assaillants pour contrer la sortie ! Mais les soldats, placides, installent quelques cibles sous les remparts, s'exercent au tir à l'arc puis rentrent à l'issue d'une heure de pratique. Cette activité se reproduit quotidiennement à la même heure tant et si bien que la vigilance des assiégeants s'amenuise jusqu'à disparaître totalement tous les jours sur le coup de midi ! C'est alors qu'un cavalier sort à l'heure dite, traverse les lignes démobilisées et transmet l'alerte aux alliés qui accourent et délivrent la cité assiégée.

Le stratagème peut être modélisé comme suit. On se méfie et on se garde de ce qui a la réputation, ou qui présente les signes, de la menace lorsque cette dernière se manifeste (1). L'attention se polarise sur l'apparent et la réaction est conséquente. Mais à la longue, si le signe du danger n'est en définitive qu'une illusion, la vigilance se relâche jusqu'à entraîner une absence de réaction (2). C'est alors que la situation devient favorable pour que l'illusion de danger sécurise un acte bien réel, qui a tout loisir et avantage pour emporter la décision (3). En d'autres termes, il est important que le "vrai joué comme faux" (1) soit pris pour du faux par l'adversaire (2), car cela sécurise ensuite une manifestation réelle, puisqu'elle est entendue comme illusoire (3). Le mirage abrite l'enfantement du réel à travers la relation entre le vrai et le faux, l'existant et le non-existant.

Le stratagème numéro sept tisse la trame d'une réalité produite par le jeu même des interactions entre acteurs. L'intervention du stratège est minime mais toujours à point nommé. Il use du potentiel d'un contexte initial qu'il oriente dans le sens de l'enfantement, puis de la création d'une situation favorable. Puisque le roi aime les femmes (politique, *fin*), le stratège lui fait entrevoir la possibilité de la réalisation de cette finalité. Il conduit ainsi la stratégie du roi, en la faisant travailler à son propre compte pour s'enrichir (stratégie, *moyen*). Puisqu'il n'existe pas de reine, mais que chacune des concubines peut espérer le devenir (politique, *fin*), toutes désirent empêcher un accroissement de la rivalité qu'engendrerait l'arrivée de concurrentes nouvelles et exotiques (stratégie, *moyen*). Il est de l'intérêt des concubines de réagir au changement de la situation en sollicitant la collaboration du conseiller, qu'elles rétribuent en conséquence. Ce dernier instrumente les stratégies de ces acteurs (*moyen*) pour donner corps à son objectif d'emploi (*fin*).

L'espace est mobilisé à travers un usage spécifique des lieux : promenade du roi, royaume lointain, palais des concubines, cour du roi. Les ruptures de rythme confèrent de la vitesse et de la réalité à ce qui devient substance. Le faible potentiel initial (*yin*) prend de la vigueur et se révèle *yang*. L'attention se polarise (plein) sur l'apparence, le non-existant (vide). Pour que l'attention (plein) se polarise sur un leurre (vide), il est souhaitable que celui-ci surprenne suffisamment par son aspect provoquant, voire paradoxal. Dans l'exemple de la ville assiégée, les messagers étaient systématiquement éliminés. Mais lorsque les assaillants se convainquent d'avoir à faire à un acte sans importance (mirage), la situation est mûre pour l'action véritable.

Le *timing* est stratégique car, avec un temps de retard, le stratagème s'évente. Une telle logique se retrouve dans le montage de projets multipartenaires où l'un ne s'engage que si d'autres sont de la partie. Le soutien, mentionné mais non signé, du banquier à une affaire engage l'implication de l'assureur qui tranquillise le premier partenaire qui entraîne le second... Tout est affaire d'intelligence, de vitesse et de rythme. Le dispositif transforme le plein (la garde, la méfiance et la non-adhésion) en vide propice (la non-garde, la confiance et le mouvement) et lorsque *l'autre* se rend compte de la manœuvre, il est trop tard car les jeux sont faits !

Si l'on interprète ce stratagème dans un cadre conflictuel, le *faux coup* joué en premier n'a pas pour vocation de tromper l'adversaire, mais au contraire de l'inciter à considérer sa vraie nature de coup inoffensif (1). Lorsqu'il est convaincu qu'il ne s'agit que de poudre aux yeux, il ne s'en méfie plus (2) et l'interprète comme le mirage d'une "réalité". Pour le stratège, la *force réelle* croît dans la sécurité des *apparences*. L'illusion (*yin*) enfante la force (*yang*), le vrai est estompé au sein du faux alors qu'il progresse vers le but. La feinte a précisément pour objet d'être identifiée comme feinte. Ce faisant, *l'autre* est saisi dans le jeu et l'initiative du stratège qui conduit l'alternance des phases tout en gardant un temps d'avance. La non-substance peut se transformer en son contraire à partir du moment où *l'autre* l'identifie comme non-substance. À l'instar de tout stratagème, ce septième se règle et se modèle à partir des représentations, des valeurs, voire des convictions, de *l'autre* et c'est à partir de celles-ci que la ruse s'élabore.

8

VAINCRE DANS L'OMBRE

Attaquer en pleine lumière, vaincre en secret.
Sun Tzu
Bien que le dispositif stratégique se résume aux deux forces, régulières et extraordinaires, elles engendrent des combinaisons si variées que l'esprit humain est incapable de les embrasser toutes. Elles se produisent l'une l'autre pour former un anneau qui n'a ni fin ni commencement.
Sun Tzu

S'engager dans le visible, l'emporter dans l'invisible – Gesticulation diurne, action nocturne – *Détourner*

Une trompeuse apparence / Montée discrète à Chencang / Réparer ostensiblement les passerelles de bois, marcher secrètement vers Chencang / Construire bruyamment des passerelles de bois le long de la falaise / Se donner une apparence trom-

> peuse tout en cachant la véritable intention d'attaque / Advance to Chencang by a hidden path / Pretend to advance down one path while taking another hidden path / Secret cross at Chencang / Aparentar tomar un camino mientras se entra a hurtillas por otro

Depuis des lustres, les royaumes de la Plaine et de la Montagne sont en conflit permanent selon des phases plus ou moins chaudes. Lors de leur ultime confrontation, la Montagne a envahi la Plaine, mais a finalement subi une défaite humiliante qui a consacré la perte de ses provinces piémontaines. Dans sa retraite en catastrophe, la Montagne a brûlé l'unique pont de bois qui aurait permis à la Plaine de l'envahir facilement, les autres voies de communication étant difficilement praticables.

Dès lors, isolée et à l'abri, la Montagne travaille secrètement à sa revanche. Elle entraîne ses troupes et accumule du matériel de guerre alors que la Plaine se sent en sécurité tant que le pont de bois, qu'elle surveille en permanence, est détruit. La Plaine, au fait des préparatifs de sa rivale, reste confiante dans ses ressources numériquement et qualitativement supérieures. Son réseau d'espions dans le royaume adverse fait le reste.

Un beau jour, la Montagne semble se sentir assez forte pour prendre sa revanche, elle entame au grand jour la réparation du pont de bois incendié lors de sa précédente retraite humiliante. La Plaine ne s'en alarme pas outre mesure, mais

> concentre des moyens suffisants de l'autre côté du pont, afin de prévenir et décevoir toute velléité d'incursion. La sérénité règne chez le vainqueur du dernier conflit. Il focalise son attention sur l'évolution des réparations du pont et sur la montée en puissance des moyens ennemis qui l'accompagne. La Plaine, prête à toute éventualité, saura faire face.
>
> Tout en maintenant un rideau de forces de son côté du pont, la Montagne transfère nuitamment l'essentiel de ses troupes par des chemins accidentés et non gardés par la Plaine. Au matin, elle envahit dans la surprise la plus totale les provinces qu'elle avait perdues ainsi que quelques cités sans défense du royaume de la Plaine. Dépourvues de support logistique, coupées de leurs arrières, les troupes de la Plaine massées de l'autre côté du pont se rendent très vite.

Ce stratagème numéro huit permet d'aborder la théorie des deux forces qui caractérise la culture chinoise de la stratégie. La force *Zheng* ou *Cheng*, désigne ce qui relève de l'orthodoxe et du classique en termes de moyens, de manières de procéder, de moments et de lieux d'interaction. En bref, elle rassemble tout ce que des belligérants peuvent mettre en œuvre de manière conventionnelle. La force *Ji* ou *Ch'i*, au contraire, désigne l'ensemble des procédés, méthodes et moyens non-orthodoxes, hors norme pour parvenir à ses fins. *Zheng* et *Ji* se définissent mutuellement autant par l'opposition que par la complémentarité de leurs traits respectifs. L'existence de l'une suppose nécessairement celle de l'autre, et l'efficacité commande de les mettre en œuvre à bon escient en les articulant ensemble. Une guérilla ou une guerre de partisans use de manière privilégiée de la force *Ji* du fait de sa faiblesse en moyens conventionnels.

En 1940, les lignes Siegfried et Maginot qui se faisaient face incarnaient toutes deux la force *Zheng*. Par contre, la percée allemande par les Ardennes procéda de la force *Ji*. Aucune de ces deux forces n'est recommandable ou condamnable en soi. L'art stratagémique réside dans leur combinaison en temps, lieux et procédés, eux-mêmes choisis en fonction des attentes et des dispositions adverses, afin d'agir avec efficacité.

L'une des particularités de cette approche des deux forces est que les moyens qu'elles désignent respectivement n'entrent pas de manière absolue et exclusive dans l'une *ou* dans l'autre des catégories. Lorsqu'un mouvement, initialement *Ji* par son caractère irrégulier, comme un contournement soudain, est identifié, dès lors sa nature se modifie et il devient *Zheng* car manifeste, visible et observable (*yang*). Il s'ensuit que la force, initialement *Zheng*, qui fixait l'attention et les moyens adverses, peut se transformer en *Ji* et prendre *l'autre* à défaut. *Ji* identifié devient *Zheng* et *vice versa*.

Cette combinatoire, sans limite dans le temps ni dans l'espace, se règle sur les représentations et les attentes de *l'autre*, ainsi que sur le décryptage que celui-ci fait de l'interaction. En sus de cette intelligence, l'usage pertinent de ces deux forces est affaire de tempo et d'anticipation. *Harceler l'adversaire par une méthode conventionnelle pour cacher une méthode exceptionnelle visant à le surprendre et à le mettre hors d'état de nuire*, recommande Shi Bo, auteur d'une interprétation des *Trente-Six Stratagèmes*[1].

On trouve en abondance la mention de ces deux forces dans l'ensemble de la littérature stratégique chinoise. Lorsque Mao Tse Toung utilisait le slogan *marcher sur ses deux jambes*, il désignait la nécessaire dynamique complémentaire entre l'Armée Rouge régulière (*Zheng*) et les partisans (*Ji*) disséminés tels *des poissons dans l'eau* dans les zones sous contrôle ennemi. Cette théorie souligne toute l'importance accordée dans la culture du stratagème à la souplesse adaptative et au sens du rythme, car le monde est une transformation permanente et, à l'image de l'eau, la stratégie s'adapte aux circonstances. En se donnant des apparences de faiblesse, le fort gagne à moindre coût, car il n'incite pas à une mobilisation importante des moyens adverses.

Ce comportement stratégique du *même* est porteur de conséquences dans les décisions de *l'autre*. Le faible peut gagner en provoquant la dispersion ou encore des concentrations adverses

---

1. Voir bibliographie.

en pure perte ou isolées. Tout se régule en jouant de vitesse par rapport à la perception et aux dispositions de l'autre. Dans l'exemple mentionné, la force de la Plaine est solidement établie aux abords du pont (*Zheng*), ce qui signifie nécessairement l'existence de faiblesses ailleurs, et celles-ci se traduisent pour la Montagne sous la forme d'opportunités sur lesquelles se régler. Lors du dernier conflit mondial, les solides défenses britanniques de l'île de Singapour (*Zheng*) contrôlaient la mer à l'ouest, au sud et à l'est, mais l'attaque japonaise (*Ji*) est arrivée du nord par l'arrière pays malais alors sans défenses sérieuses.

Ce stratagème à la simplicité trompeuse peut être utilisé pour penser de manière englobante la conduite d'une interaction entre protagonistes. Lorsque deux acteurs sont aux prises ou collaborent, il se manifeste une relation d'interdépendance selon laquelle le mouvement de l'un entraîne une réaction de l'autre qui ne peut y rester insensible. Rien que de très logique dans tout cela. Celui qui s'élève au-dessus de la simple considération et du simple management de *ses moyens propres* pour raisonner et conduire la relation elle-même, maîtrise les conditions générales de l'interaction. Il peut dès lors aspirer à diriger ses moyens, ceux de son adversaire (ou collaborateur) et les modalités de leur dynamique interactionnelle.

Lorsque le royaume de la Montagne entame la réparation du pont de bois, son action visible

(*Zheng*) enchaîne et lie la force *Zheng* du royaume de la Plaine au détriment de la garde des chemins montagneux, qui deviennent alors favorables ! La Montagne ne joue pas seulement avec ses propres moyens mais conduit ceux de son adversaire parce qu'elle connaît sa stratégie et son mode de raisonnement : attendre et contenir le péril de l'autre côté du pont. Renforcé dans sa conviction, le comportement de la Plaine est dès lors lisible, prévisible et sans surprise. Plutôt que de s'attaquer aux seules forces *Zheng*, la Montagne compose la relation stratégique dans sa globalité en s'élevant au niveau de la maîtrise de l'interaction elle-même. Les signes annonciateurs du mouvement normal (*Zheng*) du royaume de la Montagne en quête de revanche *rassurent* la Plaine et libère son angoisse[1] quant au *où et quand son rival actualisera sa volonté de vengeance.*

En agissant sur ses propres dispositions de manière ostensible, la Montagne conduit et *modèle* les réactions de la Plaine ! Sa manœuvre détermine pour la Plaine une horloge, un calendrier, une forme d'organisation de l'action, et c'est dans le vide que cette représentation crée ailleurs qu'aux abords du pont que la Montagne saisit l'avantage.

Intelligence et rythme permettent l'initiative dans les combinaisons sans fin du *Zheng* et du *Ji* en

---

1. Objectivement, la Montagne *offre* une économie de réflexion à la Plaine.

fonction de l'évolution des situations, des stratégies et des attentes. Là où le raisonnement de la Plaine est tactique et local, celui de la Montagne est stratégique et global. De part et d'autre du pont de bois, l'économie des moyens et la liberté d'action penchent du côté de la Plaine, mais dans le *grand champ*[1] les deux principes jouent en faveur de la Montagne. C'est sur ce modèle que la grande stratégie maritime de l'Empire britannique étouffa la suprématie continentale française (tactique) en dominant les mers (stratégie) qui lui ouvraient le monde.

On s'égare à ne considérer ruses et stratagèmes qu'au titre d'expédients temporaires qui ne procèdent que de la tactique. La culture du stratagème dans sa version chinoise requiert une véritable vision stratégique globale fondée sur l'interdépendance et la transformation. C'est à ce titre qu'elle prend toute son actualité dans le monde du XXIe siècle. Ce huitième stratagème illustre comment provoquer une concentration tactique adverse pour dégager des marges stratégiques dans la sécurité. En passant par les Alpes, Hannibal puis Napoléon Bonaparte prirent au dépourvu Romains et Autrichiens qui ne les attendaient pas aux débouchés des cols.

---

1. Ce terme désigne au rugby la partie du terrain où l'espace est ouvert et les joueurs moins concentrés.

9

PROFITER DE L'AVEUGLEMENT

Le bon stratège maîtrise l'art du délai.
Sun Haichen [1]

L'attente stratégique – Rien ne se perd, rien ne se crée, tout se transforme – Le bonheur des uns fait le malheur des autres – L'inaction précède l'action – Incendiaires et secouristes – *Accroître*

> Contempler l'incendie sur la berge d'en face / Observer l'incendie sur la rive opposée / Contempler l'incendie de la rive opposée / Observer le combat en attendant que les deux adversaires s'entretuent pour en tirer profit / Watch the fire burning across the river / Watch the fire from the opposite shore / Watch the fire from across the river / Observar los fuegos que arden al otro lado del río.

---

1. in *The Wiles of war : 36 military strategies from ancient China.*

> Une huître baille au soleil en exposant ses valvules, un martin-pêcheur fond brusquement sur elle et introduit son bec à l'intérieur de la coquille pour s'en repaître alors que celle-ci se referme dans l'urgence. L'oiseau proteste : tu es à moi et tu ne pourras m'échapper ! Le mollusque réplique : et toi, tu ne pourras me manger parce que je ne laisserai pas ton bec sortir de ce piège. Mais tu vas mourir si nous en restons là ! reprend le martin-pêcheur. Toi aussi l'oiseau, car tu ne pourras te nourrir, rétorque le coquillage.
>
> Et le martin-pêcheur de s'épuiser en s'envolant avec difficulté tant l'huître le leste lourdement, et celle-ci d'affermir sa prise sur le bec du prédateur... Le soleil se couche alors qu'aucun des protagonistes n'a lâché prise. Bien que faiblissant, les bruits de la lutte acharnée se propagent aux abords du plan d'eau. Survient un hibou qui se saisit du martin-pêcheur, incapable de voler efficacement, et l'emporte. L'huître libérée tombe du ciel, se brise sur un rocher et son poids l'entraîne dans l'eau. Les crevettes à l'affût se repaissent de sa chair sans défense et le martin-pêcheur est dévoré par le hibou.

Lorsque des protagonistes aux prises s'acharnent au point d'en perdre la vision d'ensemble, ils deviennent vulnérables pour des acteurs extérieurs qui s'enrichissent de leur aveuglement. Ce stratagème démontre à quel point un enfermement tactique détourne l'attention des *fins* que l'on poursuit au profit exclusif et fatal d'une opposition vaine de volontés. De manière imagée, autant l'huître que le martin-pêcheur veulent survivre (*fin*), mais le repas de coquillage de l'oiseau n'est qu'*un moyen* de cette survie, et non *sa finalité* suprême. Les alternatives pour l'huître sont plus réduites, car lâcher prise pour elle revient à être mangée, c'est-à-dire disparaître à très court terme.

L'histoire démontre de quelle manière les combats à outrance, qui oublient leur pourquoi et perdent de vue la réalité d'un contexte global, non seulement épuisent leurs protagonistes, mais renforcent relativement le pouvoir de ceux qui se situent dans leur environnement. Ainsi en fut-il des deux conflits mondiaux du XXe siècle où l'Europe sortit vaincue au profit de l'URSS et des États-Unis d'Amérique, dont le rôle international devint prépondérant. Plus récemment, la guerre entre l'Iran et l'Irak a reproduit le même modèle.

De l'individualisme et de la défense aveugle et résolue d'intérêts particuliers découlent des conflits qui affaiblissent les parties prenantes. Cela renforce des *juges de paix* extérieurs qui se servent tout en mettant de l'ordre, comme le hibou apporte une solution au dilemme irréductible entre l'huître et le martin-pêcheur. Médiateur impartial, appelé par la situation elle-même, son *offre de service* est supérieure aux options sans issue des protagonistes initiaux. Le nouvel équilibre atteint passe par la réduction au silence de qui refuse de renoncer à ne considérer *que* son intérêt particulier. Ce faisant, le médiateur providentiel n'agit pas seulement de ses seules forces pour concrétiser ses buts, mais en utilisant celles des irréductibles à son profit. Comment ne pas évoquer la conquête en douceur des cités grecques par Philippe de Macédoine qui usa du grand savoir-faire et des hautes compétences de ces cités à se quereller et à s'affaiblir mutuellement. Les intérêts partisans et particuliers ruinèrent le précieux bien que ces cités avaient en commun : l'indépendance !

Dans cette seconde famille de stratagèmes, celle des batailles indécises, la vision étroite, la précipitation et l'action au mauvais moment provoquent des configurations nuisibles pour des protagonistes opposés, devenus sourds à la prise en compte du contexte stratégique de leur opposition. À l'abri et hors d'atteinte, il est avantageux pour un stratège d'observer à loisir le jeu des croyances et des dissensions car elles génèrent des marges de liberté d'action. Leur donner de l'espace renforce les dissensions dans leur aveuglement, les rend prévisibles et crée les conditions de l'intervention stratégique à point nommé. Il est bénéfique d'attendre que l'évolution des situations révèle par elle-même des opportunités. À l'inverse, manifester trop vite, trop tôt et ostensiblement sa volonté est susceptible de favoriser une union des ennemis d'hier contre l'incursion d'un tiers dans le jeu. L'enfermement d'un conflit épuise ses acteurs alors que des tiers extérieurs s'en enrichissent relativement. L'heure venue, ces derniers ramassent la mise au détriment des belligérants irascibles.

En revanche, une action précipitée, même à l'encontre du maillon faible d'une querelle, risque de provoquer une mobilisation générale qui ferait taire les dissensions internes. La non-implication apparente et la patience (*yin*) sont favorables, elles permettent aux potentiels agressifs de se développer en faisant perdre le nord de l'intérêt commun qui les unit. Un *yang* débridé chez *les autres* fait le lit de l'intervention future du stratège. Si on laisse vivre et croître les dissensions au sein d'une alliance concurrente, la force et l'énergie de l'alliance ne sont plus focalisées sur le maintien de l'unité, sur la coordination et sur l'action extérieure, mais se dépensent en conflits internes. Par contraste, il s'agit pour un stratège extérieur d'une excellente application du principe d'économie des moyens, car il préserve les siens alors que d'autres les dépensent. Cette non-implication ne signifie aucunement ne rien faire, mais agir avec tact, intelligence et à propos. L'attente stratégique reste un art difficile et dangereux.

10

LE SOURIRE DU TIGRE

*Quand l'ennemi cherche à attaquer, songez à négocier.
Quand il cherche à négocier, songez à l'attaquer !*
Sun Tzu
Qui a le miel sur les lèvres, cache le crime dans son cœur.
Proverbe chinois
*La bouche est aussi douce que le miel, mais l'estomac est
aussi dangereux que le sabre !*
Proverbe chinois

Le plaisir des yeux – *Adoucir*

Cacher une épée dans un sourire / Cacher un poignard derrière un sourire / Cacher un poignard dans un sourire / Bouche de miel, cœur de fiel / Conceal a dagger in a smile / Hide a dagger with a smile / Hide a dagger in a smile / Ocultar la daga tras la sonrisa / Ocultar las intenciones agresivas detrás de una fachada agradable

Vous conduisez votre véhicule en ville et stoppez brusquement parce qu'un chien traverse la chaussée. La voiture qui vous suit freine à son tour mais vous percute par l'arrière. Selon le code de la route, elle est en tort. En toute logique, vous vous estimez autorisé à vous offusquer, à crier au non-respect des règles et à exiger réparation... De son côté, le conducteur en faute se prépare et échafaude des arguments à partir d'indices ténus renforcés par une certaine mauvaise foi... En fin stratège, vous jouez du paradoxe.

Votre première réaction, après avoir quitté votre véhicule, est de vous enquérir avec beaucoup d'attention et de compréhension, des dégâts occasionnés à la voiture qui vous suivait, et de vous préoccuper de l'état physique et psychologique de son conducteur. Privée de point d'appui, la volonté de résistance et d'en découdre de celui-ci se désamorce tant et si bien qu'il n'est plus en condition de résistance lorsque votre intransigeance, sympathique mais implacable, vous conduit à remplir selon votre vision des faits, le constat à l'amiable de l'accident !

Le dictateur d'un État pétrolier riche et puissant désire étendre ses possessions. À sa frontière sud subsiste un émirat ridiculement petit mais immensément riche en gisements. Il est gouverné par un jeune prince inexpérimenté et célibataire. Sa conquête militaire ne serait qu'une affaire d'heures, mais un vieux conseiller de ce jeune prince, méfiant vis-à-vis de son voisin expansionniste du Nord, recommande la mise en place d'un jeu d'alliances multiples afin de rendre impossible une annexion.

Pour arriver à ses fins à moindre coût, le dictateur offre sa propre fille aînée en mariage au prince, qui ne peut qu'accepter ce qui a tout l'air de vouloir sceller un pacte familial. Puis, moyennant une certaine publicité, le dictateur convoque son Grand Conseil avec pour ordre du jour les plus hautes affaires de l'État : à savoir ses projets d'expansion non seulement économique, scientifique et technologique mais aussi territoriale ! Que lui suggèrent ses conseillers les plus dévoués ?

À l'issue d'un certain nombre de tergiversations, l'un d'entre eux ose évoquer la richesse de l'émirat peu défendu du Sud… Le Raïs entre brusquement dans une colère noire devant une telle recommandation… contre son propre gendre ! Peu de temps après, on apprend que ce conseiller a eu un accident fatal. La vie continue et le jeune prince du Sud revient partiellement sur sa méfiance à l'égard de son voisin septentrional. Les mois passent.

Vient une nouvelle convocation du Grand Conseil, même question du dictateur et même suggestion timidement reprise d'annexion de l'émirat. Le malheureux qui a osé est cette fois-ci publiquement exécuté ! Pleinement rassuré quant aux intentions de son puissant voisin, le prince congédie le vieux sage qui l'importune avec ses craintes ! C'est alors que l'émirat est conquis en quelques heures et devient l'énième province de l'État du Nord[1] !

---

1. Bien sûr cet exemple est fictif. Toute ressemblance avec des faits réels serait le fait du plus pur des hasards.

> Durant sa visite des souks, le visiteur fatigué accepte l'invitation souriante du marchand à entrer se reposer un instant dans son échoppe. Pour le plaisir des yeux, assure-t-il, pas pour acheter. La conversation se noue de manière informelle et décontractée. Visiteur et marchand partage un, puis deux, puis trois thés à la menthe. Qu'il est agréable d'être assis dans l'ombre ! D'où viens-tu dit l'un, tu es en voyage d'affaire, tu as des enfants... moi j'en ai deux... et ta femme... ?
> Rien qu'un échange de banalités, peut-on penser de l'extérieur ! En fait, il s'agit d'une redoutable et insidieuse opération d'intelligence rusée qui fournit une montagne d'argument au vendeur à même de prendre à défaut le visiteur plongé dans le confort confiant d'une relation cordiale. Vient le moment de partir et c'est là que le scénario s'inverse car comment le visiteur, qui est venu sans sa femme et que ses enfants attendent... va-t-il pouvoir repartir sans un petit cadeau pour chacun de ceux qu'il aime tant, ne serait-ce que pour tranquilliser sa conscience !

Pourquoi agir de manière *Zheng*, qui est par définition coûteuse et hasardeuse, quand la voie *Ji* permet de réussir avec économie ? Dans la conception de l'interaction qui unit les faits et gestes des protagonistes dans une dynamique englobante et complémentaire, la manifestation extérieure d'un sourire incite à la confiance et au relâchement.

Ce dixième stratagème combine deux plans : d'une part celui d'une illusion trompeuse dont la fonction consiste à faire baisser la garde, et d'autre part celui bien réel d'une détermination cachée. Le but véritable est sécurisé sous des dehors bons enfants, sous l'apparence d'un esprit de concorde qui rassure et transmet la confiance comme par contagion. Dans le premier exemple, le stratège agit paradoxalement soit avec sympathie là où il serait prévisible qu'il soit agressif. En conséquence, celui qui se préparait à argumenter et à résister modifie lui aussi son comportement. Le point d'appui sur lequel il se réglait pour se défendre est supprimé. Devant une personne si compréhensive et avenante, pourquoi batailler ?

La stratégie adore le vide car elle s'y réalise plus aisément. Ce stratagème se fonde sur la relation dialectique méfiance/confiance et sur un différentiel de tempo entre la lenteur de celui qui est mis en confiance et le stratège qui maintient la possibilité de brusques accélérations sous des dehors tranquilles, paisibles et inoffensifs. La confiance fonctionne sur le long terme avec l'amplitude d'une rythmique paisible. Quitter cette forme d'engourdissement de manière brusque est délicat et cela nécessite au moins une phase d'adaptation. En d'autres termes, de profondes dispositions *yin* rendent impropre à contrecarrer une soudaine offensive *yang*. Tout au contraire, le *yin* accueille le *yang*. Dans le climat stratégique de la confiance, l'offensive tactique brève et concentrée emporte la décision car elle a fait disparaître préalablement la carapace de protection.

Ce stratagème du *tigre souriant* s'adapte particulièrement aux situations de batailles et de concurrences indécises où il est préférable de cheminer masqué. L'absence d'une attitude belliqueuse permet d'acquérir de nombreuses informations sur la situation de l'autre et sur les qualités de ses liens et de ses alliances... Cette récolte sera ensuite mise à profit lors du changement de phase, moment de l'action brève et décisionnelle qui sonne comme un coup de tonnerre dans un ciel serein et débonnaire. Lors de négociations, ne rien vouloir en apparence permet de s'introduire dans le secret de confidences qui ne se seraient jamais manifestées à la lumière si la méfiance régnait. En pénétrant comme le vent, doucement dans les interstices créés, alors seulement les dehors et apparences bonhommes sont transformés en leur contraire.

11

QUI SAIT PERDRE GAGNE

Sacrifier les détails pour réaliser les grands desseins.
Proverbe chinois

*Lorsque les protagonistes sont de force égale,
le recours à la stratégie assure la victoire.*
Sun Bin

Les atouts de la faiblesse – Perdre petit pour gagner gros – Calculer la part du feu – Le sacrifice utile – Gagner la guerre plutôt que des batailles – La partie pour le tout – *Sacrifier.*

Stratagème du sacrifice / Sacrifier le prunier pour sauver le pêcher / Le prunier se dessèche à la place du pêcher / Le prunier malade dessèche à côté du pêcher en fleurs / Sacrifier les détails pour sauver l'essentiel / Sacrifice the plum for the peach / Sacrify plums for peaches / Sacrificar el ciruelo por el melocotón / Se sacrifica un árbol para salvar a otro

> Un procès aux assises retentissant est sur le point de se tenir. Deux équipes d'avocats s'affrontent. Curieusement, leur composition est similaire, chacune d'entre elles aligne un praticien expérimenté, rusé, convainquant et difficile à contrecarrer avec succès, un professionnel honorable de niveau moyen et enfin un nouveau venu facile à déstabiliser.
> Le parti de l'accusation choisit de frapper fort d'emblée, il pense ainsi impressionner durablement les jurés et se créer un climat favorable tout au long du procès. Il programme en premier la plaidoirie du vieux rusé, suivra le jeune et le collègue honorable a pour mission de conclure la joute en reprenant les arguments initiaux. La défense, au fait de cet ordre d'engagement, communique au président du tribunal la liste des interventions de ses avocats. Quel ordre permettra de prendre l'avantage de manière la plus sûre ?
> Au meilleur des trois du parti de l'accusation, la défense oppose le jeune inexpérimenté et perd un point aux yeux du jury. À l'inexpérimenté en second lieu, elle oppose l'honorable moyen ce qui lui donne un point. Elle conclut en ordre inverse au parti opposé en engageant le rusé contre le moyen adverse. En sacrifiant le jeune expérimenté, la défense perd un point mais annule le point fort de l'accusation et gagne ainsi par deux plaidoiries contre une. Le choix délibéré d'un sacrifice tactique lui assure le gain stratégique !

Dans toute compétition ou simple concurrence, il est rare d'espérer être victorieux dans tous les engagements. C'est pourquoi il est souvent avantageux de choisir *où* et *quand* perdre localement pour gagner globalement. En d'autres termes, où se concentrer et où abandonner la part au feu. Dans l'interaction conflictuelle, la sagesse enseigne à se servir de tout, c'est-à-dire tout autant de la force que des *atouts de la faiblesse* ! Dans l'exemple ci-dessus, en engageant sa faible contre la forte contraire, le stratège neutralise le principal atout adverse et, ce faisant, le sacrifice du jeune inexpérimenté assure la sécurité de ses deux collègues. Cette défaite consentie est aussi importante, si ce n'est plus, que les victoires mathématiques des deux autres, car c'est elle qui les rend possibles ! Le stratège en tire un rendement maximum qui accroît globalement sa marge de manœuvre et son jeu au détriment du celui de *l'autre*. Cela revient à acheter du long terme en payant de court terme.

La manœuvre dite de Médine[1] mise en œuvre par Lawrence et Fayçal dans la péninsule arabique entre 1916 et 1918, contournaient et négligeaient les places fortes turques installées le long de la ligne de chemin de fer Damas-Médine, mais surtout les déconnectait les unes des autres. C'est en progressant parallèlement à cette voie stratégique que la Révolte arabe a atteint Damas sans jamais affronter l'ensemble des forces turques, immobilisées sur une

---

1. Sur ce sujet voir *Le Tournoi des dupes* ou *La Maîtrise de l'interaction. L'information et la communication dans la stratégie* de Pierre Fayard.

multitude de places fortes plus au sud. Le sacrifice de la *partie* (emprises locales) assura le gain du *tout* (emprise globale). Ces petits renoncements tactiques participèrent de l'acquisition de la victoire stratégique. En revanche, le seul gain de décisions tactiques accompagne parfois la défaite stratégique à l'instar de celle de l'armée française qui a gagné militairement la bataille d'Alger mais qui, politiquement, a perdu l'Algérie.

Le paradoxe de la stratégie[1] veut que le mieux soit l'ennemi du bien. Un acteur supérieur et dominant en toutes circonstances est non seulement proprement insupportable mais en sus travaille à sa perte en incitant les autres à la créativité. L'attaque des Twin Towers de New York par des avions de ligne sacrifiés s'inscrit dans cette logique créative, contrainte par l'absolu de l'emprise politique, économique et miliaire des États-Unis d'Amérique. La pression d'une telle domination renforce objectivement et oblige l'ensemble des autres acteurs à inventer des parades et des modalités *Ji* qui déroutent et trompent les attentes de la superpuissance. Pour le dominé, seuls des scénarii non-orthodoxes sont susceptibles de lui donner des marges de manœuvre tant le conventionnel lui est inaccessible et interdit. L'hégémonie affronte alors des formes offensives dont elle ignore les règles et

---

1. Voir *Le Paradoxe de la stratégie*, d'Edward Luttwak.

contre lesquelles ses armes, ses moyens et ses concepts d'usages sont inadéquats.

La créativité stratégique d'*Al Quaïda* a pris au dépourvu l'hyper-puissance américaine le 11 septembre 2001. Dans la Chine ancienne, on recommandait d'anéantir sans état d'âme jusqu'au dernier d'une lignée afin qu'aucun descendant ne puisse un jour mettre en œuvre une vengeance au nom de celle-ci. Faute de cette possibilité, on doit composer et éviter d'user de pressions qui suppriment toute liberté d'action et dont l'effet objectif est de contraindre les perdants à imaginer des alternatives insoupçonnables. Acculée militairement dans le conventionnel (*Zheng*) et sans espoir de faire avancer sa cause par les canaux de la négociation et de la diplomatie, une mouvance politique trouve dans le terrorisme (*Ji*) une voie qui lui permet de manifester ses choix et son existence[1].

Comment dissuader des combattants en les menaçant de mort quand celle-ci signifie l'héroïsme, dans un présent pensé comme invivable, et le martyr qui conduit au Paradis ! Parce que les marges n'existent plus dans le champ classique (*Zheng*), le parti dominant contraint ses opposants à imaginer des alternatives non-conventionnelles (*Ji*). Pas plus qu'il n'est judicieux d'acculer un chat au fond d'un couloir et d'avancer vers lui, il n'est

---
1. Voir *Écran/Ennemi : terrorismes et guerres de l'information* de François-Bernard Huyghes.

pas recommandé de supprimer toute marge de liberté à un acteur que l'on se refuse à détruire totalement en supprimant *toute* possibilité de renaissance.

La guerre de course des corsaires français contre le commerce britannique est née de la domination navale de l'Empire britannique dans le conventionnel. Tant que des perspectives existent, l'opposition déroule son jeu dans le cadre des règles conflictuelles d'un système en place. En d'autres termes, une sage hégémonie accorde des gains mineurs qui permettent de maintenir sa domination globale. Au contraire, se battre à tout prix pour des enjeux de détails risque de compromettre un enjeu majeur. *Savoir* perdre pour gagner assure la durée à la suprématie, qui use intelligemment de la faiblesse.

L'enseignement stratégique rejoint celui d'une certaine sagesse politique. Loin de saper une suprématie, des pertes limitées constituent la part obscure (*yin*) du maintien de cet son état de domination dans le visible (*yang*). Mais, si la supériorité globale doit se nourrir parfois de quelques défaites locales, mieux vaut les choisir délibérément en les anticipant, plutôt que de se les faire imposer là où l'on n'est pas prêt à le faire. La faiblesse n'est point tant sacrifiée que jouée avec son maximum de potentiel puisque c'est de son engagement que résultent les conditions de la victoire. Elle ne représente en aucune manière une quantité négligeable, bien au contraire ! Il n'est pas aisé d'intégrer ce mécanisme, qui ruine le rendement et l'économie des moyens du parti adverse.

En stratégie tout sert, les *détails* ne doivent pas être négligés mais considérés. Lors du dernier conflit mondial, le déchiffrement des codes utilisés par les Nazis, aurait permis à Churchill de faire évacuer la ville de Coventry avant que l'aviation allemande ne la frappe. Mais ce faisant, il aurait pratiquement communiqué aux Allemands que leur code était cassé. Le sacrifice « local » de Coventry assura la sécurité du secret de la connaissance du code allemand dont les messages furent lus jusqu'à la fin de la guerre. Cela contribua à la victoire globale des Alliés et à sauver de nombreuses vies sur d'autres terrains… Convenons que ce type de dilemme est malaisé à évacuer d'un simple revers de la main.

12
LA CHANCE SE CONSTRUIT

Le stratège s'adapte aux variations de la situation de l'ennemi pour obtenir la victoire.
Sun Tzu
Le mouton se trouve là par hasard, mais ce n'est pas par hasard que l'on s'en empare.
Jean-François Phélizon [1]

L'occasion fait le larron – *Profiter*

Croissance et décroissance / Emmener un mouton en passant / Dérober un mouton en passant / Improviser une tromperie en utilisant ce que l'on a sous la main / Leave a goat away by passing / To take a goat in passing / Lead away a goat by passing / Aprovechar la oportunidad para robar una cabra

---

1. in *Trente-Six Stratagèmes*.

Un futur diplômé en intelligence économique est en recherche de stage pour valider son année de formation et amorcer son insertion professionnelle. Il multiplie l'envoi de son *curriculum vitæ* en ciblant les groupes et grandes entreprises en fonction des annonces qu'ils font paraître, mais en usant parallèlement de la procédure dite de la candidature spontanée. Féru d'informatique, il s'est spécialisé dans l'usage de logiciels de recherche sur Internet. Son offre retient l'attention d'une entreprise qui n'a publié ni demande de stagiaire ni offre d'emploi. Le futur diplômé obtient un entretien avec le directeur du personnel de celle-ci. Le rendez-vous, qui se tient en fin de journée, porte classiquement sur les outils, les méthodes, l'intérêt et les bénéfices de la veille sur Internet.

Au fur et à mesure de la conversation, le candidat sent que la motivation de son interlocuteur n'est pas d'un niveau qui lui permette d'entrevoir des perspectives favorables à ses attentes. S'il laisse la conversation se poursuivre dans les mêmes termes et sur le même tempo, il repartira bredouille. Il prend une initiative pour perturber la mécanique trop bien huilée de cet entretien dont l'issue négative est trop certaine. Il amène le chef du personnel, fatigué par une longue journée de travail, à parler de l'entreprise. Il apprend alors que le directeur de la stratégie prendra prochainement sa retraite.

La connaissance des marchés asiatiques qu'il a accumulée tout au long de sa carrière va faire défaut à l'entreprise dans un moment crucial de son développement… En raisonnant à haute voix,

> le chef du personnel définit devant le futur diplômé la mission, le timing et surtout les compétences requises pour un stage visant à favoriser la transition et surtout la capitalisation des acquis du futur retraité. L'annonce ne dépassera pas le bureau du chef du personnel et le stagiaire prendra ses fonctions dans la semaine qui suit.

Sans idées préconçues et définitives quant à la nature précise d'un objectif, ce stratagème recommande présence et disponibilité d'esprit pour agir dans le rythme d'une opportunité qui se présente, ou que l'on cherche, de manière inattendue. Le monde bouge, les situations changent et des besoins inexistants hier s'imposent aujourd'hui comme des nécessités. Des signaux, ténus et faibles dans le présent, peuvent être développés et renforcés par l'art du stratège jusqu'à devenir une tendance porteuse. S'il est illusoire de tout savoir et de tout prévoir, fort d'une préparation stratégique, d'un entraînement de la sensibilité aux conditions et de réactivité, il est possible de saisir des opportunités non-manifestées un instant auparavant.

Les époques de changements et de troubles sont favorables à l'application de ce douzième stratagème. Les appartenances, les fidélités, les connexions s'y distendent, les relations se relâchent et des enjeux peuvent se retrouver isolés et sans protection. Ce stratagème procède par rythmes courts selon un jeu agressif et opportuniste sur les proximités qui se présentent. Il articule attention, imagination et à propos, mais surtout évite les pièges, les œillères et les kystes d'une observation étroitement focalisée sur un but trop précis, qui exclut la perception d'alertes imprévues. Ne pas se concentrer sur un seul point, avoir une vue large et ouverte à toutes les éventualités, y compris celles dont on ne pouvait avoir idée ! Concentré sur rien en particulier mais pleinement présent, le samouraï est à même de percevoir le danger et l'opportunité d'où qu'ils viennent.

Bien que souvent les stratagèmes réalisent dans le temps long ce qu'il coûterait d'atteindre dans le court terme, ce dernier de la série des situations indécises fonctionne sur la réactivité la plus brève possible[1]. Mais pour être réactif, il faut être prêt, vigilant et tenir l'ensemble ses moyens dans la main, comme le recommandait Napoléon Bonaparte qui recherchait pour ses missions de confiance des individus qui avaient de la chance !

Nous avons là une illustration du principe d'économie des moyens au niveau tactique. La capacité créative à imaginer des solutions dans l'instant est d'autant plus essentielle que l'on se trouve dans une situation difficile ou périlleuse. Toute fissure dans un dispositif peut être mise à

---

1. Cette orientation stratagémique se retrouve dans le *jeitinho brasileiro*, voir « Fluidité et génie tactique au pays de la terre et du vent. Approche de la culture stratégique brésilienne » (par Pierre Fayard), in *Les Chemins de la puissance*.

profit. Même au sein de la plus grande offensive (*yang*) il se manifeste quelques vides (*yin*), qui, faisant l'objet d'un contre (*yang*) rapide, contribuent à renverser une situation en prenant au dépourvu et en déséquilibrant le centre de gravité d'une force ou d'un immobilisme. Le *yin*, vide et faiblesse relative, *attire* le *yang* de l'initiative impromptue ! Pour ce faire, il convient de coller avec délicatesse à l'autre et ne rien laisser passer comme « petit avantage » du fait de ses négligences et des grains de sables dans sa mécanique. Cela suppose de disposer d'une capacité d'accélération à la fois flexible et déterminée.

Il ne s'agit donc pas d'un mode d'action directe, mais *en fonction* de ce qui se présente. Si le stratège ne profite pas aujourd'hui d'une faiblesse, celle-ci peut se retourner contre lui lorsqu'elle deviendra une force. L'histoire traditionnelle illustrant ce stratagème en Chine parle de chèvre ou de mouton. Faute de s'en emparer aujourd'hui est-il dit, cet animal est susceptible de se transformer en loup dangereux dans d'autres circonstances. Faute d'avoir agi à propos, on se retrouve dans une situation périlleuse alors qu'auparavant les circonstances rendaient l'action aisée.

La grande force est le début de la faiblesse et la faiblesse engendre la force. Le détail donne naissance à une lame de fond comme le battement d'une aile de papillon à Pékin peut se transformer en ouragan dans les Caraïbes à l'issue d'un long cheminement.

La représentation symbolique du *yin* et du *yang* fait figurer le *shaoyang* (petit cercle blanc) dans le grand *yin* (zone noire). De ce point de lumière surgira le contraire du grand *yin*. Dans l'expansion du *yin* germe le *yang*, celui qui l'identifie à temps en tire avantage et s'associe au travail de la nature. La stratégie enseigne la sagesse. Raisonner stratégique ne signifie pas tout prévoir et n'entendre les relations qu'en termes de rapports de forces. La créativité, la sensibilité et la liberté lui sont essentielles et c'est ce qu'enseigne ce douzième stratagème. La chance se construit et le flair y participe.

PARTIE III
STRATAGÈMES D'ATTAQUE

> Stratagèmes de situations de bataille, offensifs ou en position d'assaut – Stratagems for attack – Offensive strategies – Estrategias de ataque

- 13 La pince des louanges
- 14 Le pouvoir du passé
- 15 La victoire par la situation
- 16 Lâcher pour saisir
- 17 Du plomb pour de l'or
- 18 Le poisson pourrit par la tête

Avec cette troisième famille, nous entrons dans l'usage de stratagèmes au service de projets nettement offensifs et plutôt directs même si leur réalisation passe par des phases qui consistent, comme d'ordinaire, à repérer préalablement forces et faiblesses. Attaque signifie danger car les dispositions et les menées offensives sont explicites, c'est pourquoi les temps propres à l'action sont réduits au minimum pour se concentrer sur les moments et les lieux les plus rentables et favorables. L'intention est de réduire, détruire ou acquérir dans un mouvement positif moyennant l'application du principe de l'économie des moyens. Obtenir beaucoup en investissant peu demeure la règle !

13

LA PINCE DES LOUANGES

Une armée sans espions est comme un corps sans yeux et sans oreilles.
Sun Tzu
Faire s'envoler avec des louages, puis saisir par des pinces.
Proverbe chinois

Débusquer les intentions cachées avant d'agir – L'action hivernale – Stratagème de la floraison hâtive – *Révéler*

Sonder les intentions dans l'environnement / Battre l'herbe pour réveiller le serpent / Frapper l'herbe pour débusquer le serpent / Frapper les herbes pour lancer des avertissements aux serpents / Beat the grass to startle the snake / Beat the grass to frighten the snake / Golpear la hierba para asustar al serpiente

Un Premier ministre ambitieux réussit à mettre sur la touche un vieux monarque au profit d'un prince héritier timoré et sans expérience. À l'issue de quelques années, le goût du pouvoir le grise et il décide de déposer à son tour le fils pour prendre sa place et fonder une nouvelle dynastie. Avant de mettre en œuvre une stratégie qui lui permette de réaliser ses fins, il éprouve le besoin de sonder les intentions et les dispositions des membres influents de la cour. À cette fin, il offre un cerf au jeune roi en déclarant que ce cheval est un hommage et un gage de sa fidélité. Le roi éclate de rire en lui répondant qu'il n'a jamais encore vu de cheval à cornes et que la langue de son ministre favori a dû fourcher. Que nenni, répond-il, ce cheval est l'un des plus nobles qui soit, je l'ai fait acheter dans une province lointaine réputée pour la qualité de ses étalons…

Le jeune roi ouvre alors de grands yeux et regarde son Premier ministre afin de comprendre jusqu'à quel point il plaisante. Le malentendu jette la consternation parmi les membres de la cour au point que le ministre demande à chacun de se prononcer sur la nature de l'animal. Pris au dépourvu, chacun est contraint de prendre position, car aucune échappatoire n'est permise. Les uns raillent et se rangent du côté du monarque car de toute évidence il s'agit d'un cerf. D'autres se taisent prudemment en évoquant des caractéristiques communes au cerf et au cheval sans mentionner ni les bois ni l'allure. D'autres encore prennent fait et cause pour le ministre.

Maintenant que les membres de la cour ont révélé leurs positions respectives, le ministre ambitieux

> est à même de concevoir ses plans avec intelligence et en tenant compte des qualités et positions respectives de chacun. Le présent en forme de cerf lui a permis de battre l'herbe pour débusquer les intentions de chacun.

L'hiver est la saison du repos et de la gestation. Enfouies dans la protection de la terre, les graines préparent leur germination. Lorsque les circonstances seront propices elles révéleront leur potentiel sous l'effet conjugué de la chaleur et de la lumière. Ainsi en va-t-il aussi des actions humaines, qui, d'une intention initiale, se traduisent ensuite en dispositions préalables avant de s'actualiser dans des faits. Ces trois phases peuvent être associées à l'hiver (conception), au printemps (éclosion) puis à l'été (récolte).

Dans la nature, des arbres fruitiers réveillés hâtivement par des journées chaudes et ensoleillées voient leurs récoltes compromises par un retour d'hiver brutal. Toute manifestation prématurée de propos ou de dispositifs non seulement les rend vulnérables, mais compromet gravement leurs fruits voire leur réalisation. Les germes développés alors que les conditions favorables de l'environnement ne sont pas encore rassemblées, sont irrémédiablement condamnés. L'intelligence de l'environnement est essentielle pour s'assurer le concours des circonstances.

Le stratagème numéro treize, premier des six de la famille des stratagèmes d'attaque, recommande d'agir de manière limitée, mais néanmoins brusque et déterminée, alors que le milieu concerné par l'action future est encore en sommeil. Le caractère *yang* d'une telle initiative entre alors en résonance avec des intentions en gestation et les révèle alors que la situation n'est pas mûre. Cette ruse reproduit le mécanisme de floraison hâtive alors que les circonstances ne lui assurent pas la sécurité de la durée. Il en résulte une manifestation avant terme d'intentions et de dispositions non-matures et de ce fait vulnérables. Le stratège se procure l'avantage du fait d'une avance temporelle qui permet de réduire des intentions non encore traduites et assurées dans les faits. Cette *action hivernale* repose sur le contraste entre le rythme lent de la germination dans le sein protecteur de la terre (*yin*) et une action volontaire manifestée en plein jour (*yang*). Le serpent endormi et en sécurité dans l'herbe sèche est soudain réveillé pour faire face à des circonstances qu'il ignore et ne maîtrise pas.

Les applications de ce stratagème sont multiples. Sur le terrain politique, un décideur organise des fuites en forme de ballon d'essai afin que se révèlent sous la pression les positions d'une opposition et de l'opinion concernant un projet de réforme. Une fois « le serpent débusqué », il déclare que ces fuites lui sont étrangères et il adapte son projet et son argumentation avec le bénéfice de l'information récoltée. Dans le domaine économique, un effet d'annonce oblige des concurrents à révéler leurs dispositions et à détailler leurs plans plus tôt que prévu et dans l'impréparation. Non seulement ils se découvrent en situation de vulnérabilité, mais en sus le stratège est à même d'agir en connaissance de cause. *Faire s'envoler avec des louanges, puis saisir avec des pinces*[1], ce proverbe chinois décrit un usage de la parole, non pas tant pour dire quelque chose, mais plutôt pour inciter *l'autre* à le faire.

La reconnaissance est un facteur premier de l'intelligence, à la suite de quoi plus le milieu est hostile plus le coup doit être bref, mais la retraite toujours à portée de main. L'inquiétude face à des velléités agressives potentielles, ou du souci de maintenir la sécurité d'une situation, peut être levée du fait de l'envoi d'une sonde qui révèle au grand jour les pensées et les intentions malveillantes. S'il n'est pas aisé de contrer des desseins non-révélés, il est en revanche possible de les réduire une fois qu'ils se sont manifestés sous la contrainte. En *battant l'herbe pour débusquer le serpent*, la vibration induite dans le milieu entre en résonance avec le serpent (l'intention) où il se trouve et le fait réagir ou fuir.

Harro von Senger[2] relate l'histoire d'un conseiller qui provoque la décision d'un prince qui temporisait à demander en mariage sa concubine

---
1. Voir *Traité de l'efficacité* de François Jullien.
2. Voir ses *Stratagèmes : trois millénaires de ruses pour vivre et survivre*.

favorite. Le conseiller prétend qu'un puissant monarque va faire connaître son désir de mariage avec elle et cela entraîne la demande immédiate du prince qui crée ainsi une union irréversible. Le monarque étranger joue le rôle de l'herbe ou du milieu qui pousse à la révélation les intentions (serpent) du prince qui tergiversait.

Une variante de ce stratagème recommande de punir très lourdement une entorse mineure à un règlement, car cela dissuade de commettre des fautes autrement importantes. On agit avec économie en un temps où la répression est aisée pour ne pas risquer l'échec au moment où des enjeux élevés seraient plus difficiles à négocier. *En tuant une poule pour effrayer le singe*[1], on réalise ses fins à moindre coût et indirectement. L'étalage d'une détermination, voire d'une cruauté farouche, à l'égard d'un acteur non-dangereux (poule), dissuade celui (singe) qu'il serait plus osé et hasardeux d'affronter en direct.

Un tel stratagème correspond aussi à pousser à la faute par des louanges qui mettent en confiance et incitent à livrer le fond de sa pensée. Cette ruse conduit à la révélation d'intentions secrètes ou en gestation mais dont la mise en lumière compromet le projet. En heurtant le rythme tranquille de la maturation lente, un coup brusque et imprévu perturbe au point de casser un élan. Le dessein est

---

1. Proverbe chinois.

désamorcé à la suite de cette opération de dévoilement.

En sondant préalablement le terrain en période « hivernale », on sait où l'on s'engage. Le premier mouvement du stratège n'est pas animé par la volonté d'aboutir dans l'immédiat, mais de faire se révéler la carte des circonstances et des intentions avant d'agir en fonction de l'information rassemblée. Cette ruse, qui pousse celui qui temporisait à l'action en catastrophe, s'inscrit dans un schéma triangulaire qui implique le stratège, les intentions de *l'autre* et son milieu.

14

LE POTENTIEL DU PASSÉ

Celui qui peut encore agir pour son propre compte ne se laisse pas utiliser. Celui qui ne peut plus rien faire supplie qu'on l'utilise.
François Kircher [1]

Ce qui ne sert plus implore qu'on l'utilise – Rhabiller Jérusalem - Redonner vie à ce qui a vécu pour le faire servir à nos fins – *Réincarner*

Redonner vie à un cadavre / Emprunter un cadavre pour le retour de l'âme / Reprendre vie sous une autre forme / Raise a corpse from the dead / Reincarnation / Find reincarnation in another's corpse / Levantar un cadaver de entre los muertos / Servirse temporalmente de un cadaver para revivir un espíritu

---

1. in *Les Trente-Six Stratagèmes : traité secret de stratégie chinoise.*

> Une nouvelle religion apparaît. Celles qui lui préexistent s'efforcent de la marginaliser en s'appuyant sur des traditions enracinées, des rituels, des pèlerinages, des hiérarchies, des communautés organisées, des édifices emblématiques symboliques et puissants. La nouvelle religion affiche une vocation universelle. Elle se retrouve objectivement dans une relation de jeu à somme nulle[1] avec celles qui lui sont antérieures. Pour s'imposer, elle doit les exclure ou les intégrer en se posant comme une synthèse supérieure.
>
> Le prophète de cette confession monothéiste est visité en songe par un ange qui le conduit nuitamment dans la cité sainte des religions préexistantes. Dès lors, cette ville devient l'une des cités saintes de la nouvelle foi. Par un procédé similaire, la pierre noire de la Qaaba à La Mecque est désignée comme une étape d'un pèlerinage que tout croyant doit s'efforcer de réaliser durant sa vie terrestre. La nouvelle religion paie ainsi tribu à une coutume antérieure à laquelle les clans de La Mecque tenaient…

Cette même logique opère la transformation de Rome, capitale politique, économique et militaire d'un empire, en Ville éternelle de la Chrétienté. Toujours dans le même esprit, ce n'est qu'en 354, soit près de quatre siècles après Jésus-Christ, que

---

1. Un jeu, ou une relation, est dit *à somme nulle* à partir du moment où le gain de l'un des protagonistes se traduit mathématiquement par une perte correspondante chez l'autre.

l'Église dite alors apostolique et romaine fixe le jour anniversaire de la naissance du Christ en reprenant la date d'une fête païenne correspondant au culte du dieu Mithra. Que de lieux sacrés et autres cathédrales ne s'élèvent en lieu et place de temples romains ayant eux-mêmes succédé à des espaces sacrés celtes ou gaulois ! Ce qui s'est manifesté un jour dans une forme est le produit d'un moment dans un cycle, ce qui a disparu renaîtra, ce qui a décliné connaîtra un renouveau.

Le *sage-stratège* observe et accompagne les cycles de la nature qu'il accélère lorsque son art et les circonstances le lui permettent. Ce que tout le monde recherche est coûteux, il fait objet de compétition et le ticket d'entrée est élevé. À l'inverse, ce qui est faible ou qui a cessé d'exister se révèle disponible et au besoin implore qu'on lui donne une nouvelle existence. Fondé sur la conviction que la vie n'est qu'un éternel recommencement, ce stratagème recommande d'user de la charge émotionnelle de ce qui a fonctionné par le passé. Œdipe devient le nom d'un complexe, Thalès celui d'une multinationale, Schopenhauer celui d'un logiciel… En situation difficile après l'invasion allemande, Staline réhabilite la Sainte Mère Russie et capitalise sur lui l'énergie de l'histoire russe en devenant le Petit Père des Peuples !

Un acteur aux abois est une proie facile pour qui veut *l'aider*. Bon Samaritain, un grand frère magnanime prend possession des biens de son protégé, puis gère son potentiel. Même si celui-ci n'est pas considérable, le coût de l'acquisition est dérisoire ! Sur le terrain économique, lorsqu'un *chevalier blanc* vient à la rescousse d'une entreprise subissant une OPA hostile, il n'est pas rare qu'il en devienne le maître. Dans cette opération, le nouvel acquéreur bénéficie des énergies et des ressources de l'entreprise victime et de sa détermination à ne pas tomber dans les griffes du groupe responsable de l'OPA. Le chevalier blanc se trouve porté par un mouvement qui a bien plus de poids que s'il avait agi seul en ne comptant qu'avec ses propres forces. À la limite, provoquer préalablement une OPA est à même de favoriser le terrain pour une contre-OPA.

C'est dans les vieux pots que l'on fait la meilleure soupe. Le *designer* Philippe Starck s'est aussi rendu célèbre en *relookant* systématiquement des formes et des objets basiques qui avaient fait leurs preuves dans le passé. À coups de choix de matériaux et d'un *design* situé entre la reproduction fidèle et des concessions limitées au modernisme, il leur confère une nouvelle existence sans prendre le risque d'une invention radicale plus difficile à propager. À quand les charentaises en plastique après les couteaux Laguiole ? Ces formes consacrées retrouvent une fonctionnalité adaptée aux goûts du jour et du marché.

Nul brevet ne protège un passé révolu qui renaît de ses cendres sans pouvoir se révolter ! En Chine, il est dit que les faibles ont besoin d'aide et, qu'à ce titre, ils se prêtent aisément, voire par nécessité, aux projets qui leur donnent des perspectives. L'alliance des faibles est moins coûteuse et surtout moins risquée que celle des puissants.

15

LA VICTOIRE PAR LA SITUATION

Le général ne demande pas la victoire à ses soldats mais à la situation.
Sun Tzu

Sur le sable de la grève, le dragon est dévoré par les crevettes.
Proverbe chinois

Les circonstances font le succès ou l'échec – Retourner la force en faiblesse – L'arroseur arrosé – *Disjoindre*

> Amener le tigre à quitter sa montagne / Attirer le tigre de la montagne vers la plaine / Faire quitter à l'ennemi sa position forte pour le maîtriser / Lure the tiger of the mountain / Lure the tiger out of the mountain / Atraer el tigre fuera de las montañas

> Dans l'Antiquité, le Grec Xénophon relate comment en choisissant la topologie du terrain de confrontation avec une armée très supérieure, il dissuade

celle-ci de s'engager contre lui. Pour ce faire, il dispose ses maigres troupes le dos à une falaise en prenant soin qu'un vaste espace de retraite soit pleinement accessible pour ses adversaires.

Alors que les seules alternatives pour ses soldats se résument à survivre grâce à la victoire ou mourir jusqu'au dernier à moins d'être réduits en esclavage, celles de leurs adversaires sont de combattre une troupe d'enragés coupés de leurs bases et n'ayant plus rien à perdre ou bien de battre facilement en retraite et attendre éventuellement une occasion plus favorable. L'*Anabase*[1] raconte que l'engagement fut différé et que les Grecs furent sauvés.

Au Moyen-Âge pendant la bataille d'Hastings sur la côte sud de l'Angleterre, les offensives successives du normand Guillaume se brisent sur les défenses saxonnes. Il simule alors une retraite en désordre qui laisse le champ libre aux troupes ennemies.

Pensant tenir enfin la victoire, les défenseurs quittent leurs retranchements et s'engagent à découvert sur un terrain sans protection. Ils sont battus par le détail, l'Angleterre devient normande et Guillaume devient le Conquérant !

Pour espérer venir à bout d'un ennemi puissant, il convient tout d'abord de le déconcerter, de l'isoler puis de le conduire sur un terrain favorable, recom-

---

1. L'*Anabase* relate l'expédition du jeune Cyrus et la retraite des Grecs qui formaient une partie de son armée.

mande un proverbe chinois. Dans la culture stratégique de la Chine ancienne, on considère que force et faiblesse ne dépendent pas de la nature des combattants, mais de la situation dans laquelle ils se trouvent. On n'est pas lâche ou courageux en soi, mais parce que les circonstances dans lesquelles on se situe rendent comme tel. En d'autres termes, les qualités ne sont pas intrinsèquement liées aux acteurs, elles sont produites par l'effet des situations sur eux.

Contre un ennemi supérieur et en relation harmonieuse avec son environnement, l'attaque frontale est suicidaire ! La force redoutée du tigre des montagnes ne résulte pas seulement de son énergie, de ses griffes et de sa souplesse, mais de l'adéquation de ses atouts avec un contexte fait de creux, de bosses et de défilés qui magnifient sa capacité de surprise et l'exercice de sa puissance. À l'inverse, ce relief rend vulnérable l'étranger qui s'y aventure. L'absence de maîtrise du terrain signifie aussi celle de l'interaction.

Dans la montagne, le tigre dispose d'un plus de liberté d'action, il peut choisir le rythme et décider du repos ou de l'attaque à sa guise. La sécurité est dans son camp. À l'inverse, les chasseurs sont dans l'attente anxieuse de son initiative. À la manière des puissances navales qui dominent l'espace de la communication maritime, le tigre peut *prendre de la guerre*[1] à loisir

---

1. Voir *Principe de stratégie maritime* de Julian Corbett. Comprendre ici que le tigre a le loisir de décider ou non de l'attaque.

sans se laisser imposer ni le lieu ni le moment. Contre un tel opposant, avancer signifie augmenter le péril. Plus l'espace de l'interaction physique se réduit, plus l'avantage grandit pour *l'autre* et s'amenuise pour le *même*. Sur les reliefs accidentés les options sont multiples pour le fauve, ses rythmes courts le favorisent. Localement, le tigre domine dans ce milieu, et c'est pourquoi il est préférable de raisonner stratégiquement en vue d'aménager d'autres formes de relations entre le tigre et le terrain sur lequel on le rencontre. Dans la plaine indifférenciée, le rapport s'inverse et de chasseur le fauve devient la proie. L'homme peut le traquer, le fatiguer, le harceler et le cerner sans que le tigre ne bénéficie du couvert et de la complexité de la montagne.

Dans le jeu de *go*, une collection de pierres n'est pas forte en soi mais du fait des relations qui les lient et articulent entre elles. Pour affaiblir le tigre préalablement à la traque, il faut affecter en priorité ce qui le rend fort et l'attirer sur un terrain qui développe sa vulnérabilité. À l'instar du tigre, un acteur hégémonique oublie souvent que sa puissance dépend surtout de son adéquation à la particularité d'un contexte. Il devient vite aveugle en pensant être fort en lui-même, comme par nature ! En jouant sur cette illusion, un appât habilement disposé l'incitera à s'aventurer sans crainte hors de la base qui fonde sa suprématie. Son sentiment de puissance est le meilleur des points d'appui pour le conduire à sa perte.

En déplaçant le lieu et le moment de l'interaction, la relation qui fait la force n'opère plus. Temporiser, choisir le terrain de rencontre, ou son ordre du jour, est stratégique. Les experts dans l'art de la négociation savent d'expérience que les dernières minutes sont souvent décisives au moment où les interlocuteurs, fatigués et désireux d'en finir, sont prêts à d'ultimes concessions. La mise en œuvre de ce stratagème suppose aussi la possibilité de se mettre à couvert et de différer l'interaction tant qu'elle n'est pas favorable.

Contre un adversaire concentré, il faut le disperser en l'attirant sur un terrain qui dilue sa force[1]. *Le poisson qui convoite l'appât est déjà pris* dit le proverbe. Ce stratagème est utilisé par les Chinois lors de négociations avec des étrangers coupés de leur pays, de leur culture, de ce qui leur est familier, us et coutumes… En faisant miroiter la perspective d'une fin des tractations, ils arrachent d'ultimes avantages avant de changer l'équipe des négociateurs ! Ces derniers, en reprenant le dossier intègrent ces concessions comme un acquis et engagent de nouvelles discussions…

Ce stratagème insiste sur l'idée de manœuvre et de fluidité. L'eau fuit les hauteurs, évite les reliefs et remplit les creux et *le terrain est source d'effet*[2].

---
[1]. Voir le descriptif des neuf terrains dans *L'Art de la guerre* de Sun Tzu.
[2]. Voir *Traité de l'efficacité* de François Jullien.

Avant toute interaction, il est essentiel de manœuvrer préalablement pour la situer sur un espace favorable de rencontre. Une astuce rhétorique, une provocation (appât), fait sortir *l'autre* de sa réserve en jouant sur sa présomption de force. Une telle ruse est courante dans l'histoire militaire.

Les Mongols, suivis en cela par les Turcs, en usaient lorsqu'une victoire rapide s'avérait hors de portée. Devant des Chrétiens trop puissants et solidement organisés, leur retraite apparente grisait leurs adversaires qui estimaient la décision atteinte : « on a gagné ! » Progressivement, leur bel ordonnancement se délitait et inversait la balance des forces en faveur des Mongols qui cueillaient des troupes débandées. À Austerlitz, Napoléon abandonna la disposition favorable du plateau de Pratzen aux Austro-russes. Le leurre d'une apparence de retraite créa un vide happant les troupes russes vers le sud ce qui désorganisa le centre de gravité des coalisés que les Français déséquilibrèrent en y pénétrant. La retraite crée le *yin* propice à la désorganisation et le *yang* du *même* se procure la victoire en s'insérant dans ce vide. Lors d'une négociation, on appelle aussi cela : sortir un interlocuteur de sa réserve en le mettant en situation de confiance.

16

LÂCHER POUR SAISIR

Avant de détruire, il faut construire ; avant d'affaiblir, il faut consolider ; avant d'abolir, il faut encourager ; avant de prendre, il faut donner ; avant d'attaquer, il faut laisser partir.
Lao Tseu

Duper en se servant du propre mode de penser de l'adversaire, il devient l'otage de sa propre illusion.
Proverbe chinois

**Consolider pour affaiblir –
La volonté ennemie comme alliée –
L'action paradoxale –** ***Retourner***

Laisser courir pour mieux saisir / Pour saisir quelque chose, commencer par lâcher / Laisser partir quelqu'un à dessein pour mieux le rattraper / Let the adversary off in order to snare him / Allow the enemy some latitude so you can finish him off later / Leave at large, the better to capture / Deshacerse del enemigo permitiendo escapar

Alexandre le Grand assiège une cité depuis de longues semaines. Les défenseurs, n'ayant d'autres issues que la mort, l'esclavage ou la victoire font preuve d'un courage et d'une détermination exemplaires. L'encerclement est hermétique mais la situation est bloquée malgré l'épuisement des ressources de la cité. La force assiégeante dispose de deux alternatives : la victoire ou la honte d'une retraite avec la perte du bénéfice de la campagne. Le recours au stratagème s'impose.

Feignant la lassitude, mais tout en maintenant sa pression sous les remparts, Alexandre allège progressivement le contrôle de la voie sud d'accès à la cité. Un maigre ravitaillement parvient aux assiégés, mais sans inverser pour autant la tendance vers la famine. Peu à peu, ces derniers en arrivent à considérer la possibilité d'une nouvelle alternative : la fuite !

La situation intérieure empirant, les assiégés se décident à s'évader nuitamment en emportant un équipement léger nécessaire à leur défense. La voie se révèle sûre et ils ne sont pas arrêtés aux abords immédiats de la ville. Une fois en dehors de la cité, et pour aller plus vite, ils se défont des armes qui les ralentissent.

Progressivement, ils n'ont plus qu'une idée en tête : mettre la plus grande distance entre eux et le champ de bataille. La volonté d'en découdre et de défendre chèrement leur vie n'est plus de mise. Ils tombent alors dans une embuscade mortelle au moment de leur plus grande vulnérabilité ! La ville est conquise et les fuyards capturés.

Tout conflit est une affaire coûteuse et le vainqueur perd parfois plus de plumes que le vaincu. La pression frontale et directe constitue souvent le meilleur des points d'appui à une résistance farouche. Qui se voit acculé, jette toutes ses forces dans la balance en un sursaut ultime, ne serait-ce que pour l'honneur ! S'il existe une issue, l'envisager comme possibilité entame déjà sa détermination à en découdre.

La culture du stratagème porte au plus haut l'économie des procédés et évite les destructions autant que faire se peut. Pour Sun Tzu, les armes demeurent des instruments de mauvais augure dont l'usage ne doit être fait qu'en ultime extrémité ! Venir à bout d'un adversaire opiniâtre requiert des efforts considérables là où un management subtil de la situation permet d'emporter la décision de manière moins dispendieuse.

Comme il a été souligné précédemment, le niveau de la détermination dépend pour beaucoup de la nature des circonstances. Plutôt que d'acculer une proie dangereuse et de la contraindre ainsi à un geste désespéré, il est plus astucieux de lui laisser une sortie par laquelle elle s'engouffre pensant sauver sa peau alors qu'un piège mortel l'y attend… juste un peu plus loin ! En *aidant* la proie à trouver une solution à première vue avantageuse, sa vigilance s'évanouit et elle met bientôt toute son énergie à se sauver. En aménageant les conditions de la réalisation de son vœu le plus cher (survivre), on s'en fait une alliée paradoxale dans la conduite de l'interaction. Son énergie concentrée (*yang*) change de polarité en se fixant sur la fuite et la dispersion. L'apparence d'une faiblesse dans le dispositif du chasseur est en fait une ruse redoutable.

La littérature chinoise relate l'histoire d'un souverain pacifique aux prises avec un vassal arrogant qui rêve d'indépendance. Tout en se préparant à un affrontement armé, ce dernier demande en mariage, et par provocation, l'une des favorites du roi. Contre toute attente, le monarque satisfait sa requête ce qui a pour effet de mettre en fureur sa cour, son armée et son peuple. Puis le vassal exige l'abolition de droits de péages et le roi obtempère à nouveau. L'outrage est tel que l'on murmure que le souverain, jadis respecté pour son courage et son sens de la justice, est devenu timoré. Survient la réclamation par le vassal, d'une province limitrophe à ses possessions. Il s'agit de là d'une attaque contre l'unité et de la stabilité de l'État et le coupable doit être châtié sans attendre, déclare le roi qui a tôt fait de mobiliser l'ensemble de ses moyens contre le perturbateur et d'en venir à bout.

L'arrogant s'est affaibli dans la croyance en la faiblesse du souverain, qui, tout au contraire, créait souterrainement les circonstances qui allaient tendre la détermination de son peuple, de son armée et de sa cour. À la suite de quoi, une fois ces conditions favorables réunies, il ne restait plus qu'à attendre une opportunité pour lâcher le ressort de cette volonté de réparation. Le souverain a composé son jeu avec celui de son adversaire dans une interaction maîtrisée. Par son apparente faiblesse, le souverain a accumulé comme dans un barrage *l'eau* de la rage de son peuple, puis fort de ce potentiel il a attendu le bon moment pour libérer ce flot indomptable.

Un peu de patience assure le succès, dit le *Livre des transformations*[1]. Vouloir aboutir trop hâtivement ôte le bénéfice de la collaboration d'autres énergies, voire de celles d'un adversaire lui-même ! La perfection ne doit pas être recherchée trop tôt, soit lorsque les conditions ne sont pas remplies. Elle se construit progressivement. Il faut savoir donner du temps au temps, dit-on en Occident. Dans une situation d'enseignement, exposer d'emblée et magistralement l'ensemble des questions et des réponses réduit l'espace et le temps d'une interaction permettant aux élèves d'intégrer les contenus et au professeur de les adapter en fonction de leur sensibilité et de leurs réactions. De petits vides, quelques absences ou imprécisions donnent vie à la relation et à une dynamique complémentaire ouverte.

Accepter en apparence de menus revers tactiques, laisser une marge de manœuvre et ne pas

---

1. Voir *Yi Jing : le livre des changements* par Cyrille Javary et Pierre Faure.

s'efforcer de *tout* définir, circonscrire et maîtriser est souvent l'assurance de l'emporter stratégiquement dans un temps différé. Comme la stratégie (*moyens*) doit demeurer inféodée à la *fin*, il faut savoir parfois perdre localement pour gagner globalement. Durant sa conquête du pouvoir, plutôt que de vouloir convaincre à tout prix ses prisonniers d'adhérer à sa cause, Mao Tse Toung recommandait de très bien les traiter puis de les relâcher. Ainsi, nombre d'entre eux se transformaient d'eux-mêmes en actifs propagandistes de la cause communiste. Délaissant la volonté d'aboutir tactiquement à court terme, le raisonnement stratégique génère plus d'efficacité.

17

DU PLOMB POUR DE L'OR

Abandonner un avantage momentané pour assurer une victoire durable ultérieure.
Proverbe chinois

**Payer en banalités des idées brillantes –
Donner peu pour obtenir beaucoup –
L'or des poubelles –** *Investir*

> Jeter une brique pour récolter du jade / Jeter une brique pour gagner un morceau de jade / Lancer quelques banalités pour attirer des idées brillantes / Petits présents pour grande acquisition / Cast a brick to attract a jade / Throw out a brick to attract a jade / Fabricar un ladrillo para obtener un jade

Un obscur mais ambitieux universitaire désire rencontrer le célèbre professeur Jean Nobel[1], sommité de la vie académique. La tâche paraît à

---

1. Il s'agit là d'un personnage, bien entendu, tout à fait fictif !

première vue hors d'atteinte. En effet, non seulement cette personnalité voyage en permanence à travers le monde, mais l'accès à son agenda est jalousement gardé par une secrétaire acariâtre qui dispose de toute sa confiance. La fonction principale de ce Cerbère semble être d'éconduire les innombrables sollicitations que subit son patron.

Un jour, par hasard, alors que la porte du bureau de cette secrétaire est entrouverte, le prétendant à un rendez-vous y pénètre en prétextant chercher le secrétariat particulier de la présidence de l'université. Vous faites erreur, lui dit la secrétaire en souriant qui lui précise qu'il se trouve dans les locaux du professeur Nobel. L'universitaire se confond en excuses. Puis, à la manière de l'inspecteur Colombo : il a subitement un éclair de génie alors qu'il s'apprêtait à sortir.

Ah, mais oui, s'écrit-il soudain, je suis dans le laboratoire du professeur Jean Nobel qui vient de faire une intervention remarquée à l'Unesco après une mission de recherche dans plus de vingt pays en développement... Cette mission a été confiée à cet éminent scientifique, par ailleurs professeur visitant à l'Université de Stanford à l'invitation de la National Science Foundation nord-américaine et avec le soutien du Conseil de l'Europe et... Oh, mais je suis navré de vous importuner, vous êtes responsable de son département n'est-ce pas ?

Flattée, la secrétaire du professeur Jean Nobel, considérée au moins comme son assistante, rassure l'universitaire et apprécie la connaissance détaillée qu'il a des activités et de la réputation de son patron, dont l'aura académique déborde aussi sur elle !

> En quoi puis-je vous être utile, demande-t-elle contre toute attente alors que son interlocuteur poursuit à haute voix : l'intervention du professeur fut brillante lors de la Conférence de Logrono... En général, on fait plus de cas du Sommet de Berlin, mais c'est bien à Logrono qu'il a jeté les bases de propositions largement reprises... Et c'est vous qui assurez la coordination de son département ! Ah, mais puisque je suis ici par mégarde, s'il arrivait que monsieur le Professeur puisse m'accorder quelques minutes de son précieux temps...
>
> Au retour de Jean Nobel, la secrétaire qui le connaît bien, sait trouver elle-même les mots qui vont persuader cette sommité d'accorder un entretien avec cet universitaire si brillant... elle s'en porte garante, elle la secrétaire du grand professeur !

Ce récit prend le contre-pied de l'adage selon lequel il vaut mieux s'adresser au bon dieu qu'à ses saints. Lorsque le bon dieu est inaccessible, l'intermédiation des saints est fort utile ! Pour acquérir, il faut investir, alors comment investir le minimum tout en gagnant le maximum ? Ce dix-septième stratagème fonctionne selon une logique indirecte assez similaire aux précédents de cette troisième famille. Dans le premier d'entre eux, on agit par l'environnement (13e), dans le second, on mobilise un souvenir ou une réputation (14e), dans le troisième, on déplace le terrain de l'interaction au moyen d'un appât (15e), dans le quatrième, on donne du lest afin d'inverser la polarisation de l'énergie adverse (16ᵉ).

Ici, pour acquérir quelque chose de valeur, on offre préalablement des présents qui ne coûtent rien. Dans chacun de ces stratagèmes, la décision n'est pas visée directement, elle passe par un biais qui rend la situation favorable et concrétise la décision de façon plus aisée et plus économique. Obtenir des gains importants requiert beaucoup d'énergie, et cela d'autant plus que le succès relève du bon vouloir d'un personnage difficilement accessible. Le convaincre d'accorder un privilège, un prêt ou un don n'est pas une mince affaire qui se joue sur un coup. Étant donnée cette difficulté, ce stratagème recommande d'investir patience et longueur de temps.

Par définition, celui qui possède se méfie de ceux qui sont en mesure de convoiter ce qui lui est propre. Il se garde et se préserve dans une attitude méfiante, défensive, voire parfois carrément offensive. Ce comportement représente un rempart (*yang*) *a priori* infranchissable qu'il convient de rendre mou, tendre et poreux par un travail d'approche non identifiable comme tel. Le moyen consiste à mettre *l'autre* dans des dispositions telles que sa résistance diminue et que l'on puisse le prendre par surprise, sans qu'il soit en mesure de s'opposer à une demande, voire qu'il la conduise lui-même !

Convertir ce qui est disponible, aisé et d'un coût dérisoire en un investissement en vue d'en tirer profit fonde ce stratagème où ce qui a peu de prix *se transforme* à terme en valeur. *Les briques produisent du jade* en liant et en obligeant des intermédiaires de sorte que leur esprit de garde s'atténue et qu'ils entrent dans la chaleur ouatée d'un tempo paisible et confiant. C'est alors qu'une cadence accélérée, brusque en réalité mais sous des dehors doux, les prend à défaut sans que rien n'y paraisse. Pourquoi en revenir à la rigidité et la défiance alors que l'on partage une si enivrante atmosphère de bonheur complice et de reconnaissance !

Ce stratège paie dans le court terme sans souci apparent de retour, puis il encaisse sur le long terme. *Tout flatteur vit aux dépens de celui qui l'écoute*, déclare le renard en s'emparant du fromage que le corbeau tenait en son bec. Le corbeau, qui s'est cru beau, a lâché la proie pour l'ombre. Un mouvement du *même* provoque un changement chez *l'autre* et dans le réglage opportun de cette dialectique, l'objectif est atteint. *Pour manœuvrer l'ennemi, commencez par vous manœuvrer vous-même*, dit un proverbe chinois. L'important est de maîtriser le cours des événements à la manière d'une cuisson progressive faite d'étapes qualitatives successives.

Dans la culture stratégique de la Chine ancienne, cette pratique se nomme : modeler l'esprit de *l'autre* par la création d'une situation de connivence où l'on donne le ton par des dons. Par exemple, lors d'un voyage sur la *Singapore Airlines*, les passagers au départ de Paris se voient offrir un magnifique stylo... par pure courtoisie ! Or cette ligne fait l'objet d'une très forte concurrence entre les compagnies aériennes. Qu'est-ce que le prix d'un stylo (brique) par rapport à l'enjeu de la préférence pour un futur billet d'avion (jade) ? Qui veut tout n'obtient rien et tout lui coûte. Un faible investissement tactique immédiat savamment calculé peut assurer un avantage stratégique prochain.

18

LE POISSON POURRIT PAR LA TÊTE [1]

Savoir modeler l'esprit du général adverse.
Sun Tzu
Le sage montre la lune, le fou regarde le doigt.
Proverbe arabe

**Dégager l'essentiel – Frapper à la tête –
La clef de voûte – Le talon d'Achille –
*Viser***

> Pour prendre les bandits, il faut prendre leur roi / Pour neutraliser une bande de brigands, capturer d'abord leurs chefs / Viser l'ennemi principal / To catch rebels, nab their leader first / To catch bandits, rab their ringleader first / Capturar al cabecilla para prender a los bandidos

---

1. Proverbe chinois.

Le groupe pharmaceutique japonais Eisai[1] s'interroge sur la meilleure façon d'améliorer ses performances sur le marché. Plusieurs scénarios se présentent à lui : renforcer la recherche-développement, nouer des alliances stratégiques, investir des secteurs jusque-là non-prioritaires pour le groupe… L'éventail est vaste et relativement classique mais Eisai préfère réfléchir à sa raison d'être en tant qu'entreprise pour dépasser la seule considération de son point de vue particulier. Quelle est la raison majeure de son existence et de son activité ? Réponse : l'attention aux malades pour les soigner et leur faciliter la vie !

Dans cette optique, le développement de connaissances nouvelles et opérationnelles est vital pour les patients, ceux qui gravitent dans leur environnement et *a fortiori* pour Eisai ! La production collaborative de connaissance au service de l'ensemble de ces acteurs se traduit alors dans le programme mobilisateur *Human Health Care* (HHC) dont les valeurs servent de boussole quotidienne et stratégique à tous les échelons et pour tous les secteurs du groupe pharmaceutique.

Les occasions de rencontres avec les malades dans leurs environnements respectifs sont multipliées. Ces implications, cette écoute participative et attentive contribuent non seulement à l'amélioration de la compréhension mutuelle, mais aussi à produire les connaissances nécessaires dans un projet collaboratif d'ensemble. Tout le monde est gagnant et les produits suivent ! Dans ce redéploiement, la philosophie HHC devient la clef de

---

1. Référence authentique.

> voûte d'une coopération qui dépasse les strictes limites de l'entreprise et de ses compétences[1].

Dans toute question stratégique, il existe un centre de gravité, une clef de voûte en l'absence de laquelle l'ensemble des dispositions et des résistances adverses s'effondrent. Identifier et affecter spécifiquement cette clef, l'empêcher de fonctionner permet de démultiplier l'action du stratège. *Le poisson pourrit par la tête*, dit-on en Chine, *mieux vaut s'adresser au bon dieu qu'à ses saints*, réplique-t-on en Occident.

Mao Tse Toung, incitait en priorité à résoudre la *contradiction principale* d'un problème pour ensuite s'attaquer aux secondaires. La meilleure approche stratégique consiste à viser l'esprit de son adversaire ou de la personne sur laquelle on se propose d'agir. Sun Tzu recommande de privilégier dans l'ordre : l'esprit du général adverse, ensuite sa stratégie, ses plans, ses alliances, ses dispositions et seulement en dernier recours ses troupes et ses places fortes. Sur un registre dissuasif, en parvenant à convaincre un acteur de l'impossibilité de réaliser son intention ou son projet, on évite de se confronter à ses moyens et à ses dispositions offensives. Mais pour

---

[1]. Ce cas, qui relève d'une méthode originale de gestion du savoir (*knowledge management*), sera présenté plus en détail dans un prochain livre centré sur la création collaborative des connaissances au Japon.

autant qu'il s'agisse là du chemin le plus court, ce n'est pas pour autant le plus visible.

Ce stratagème préconise d'agir avec économie et de manière décisive pour que le problème rencontré disparaisse avant même qu'il ne se traduise dans les faits. Depuis la Révolution dans les Affaires Militaires[1] de la fin du XXe siècle, on considère que la clef de voûte de la puissance et de la capacité effective réside dans les systèmes d'information et de communication[2]. Leur destruction entraîne l'impossibilité de mise en œuvre des moyens physiques. Ainsi, les systèmes d'information et de communication, véritables systèmes nerveux des forces, sont visés préalablement aux armements eux-mêmes. Les premiers temps des guerres du Golfe, du Kosovo, d'Irak ou d'Afghanistan ont été conduits selon ce principe.

Pour Sun Tzu en un autre temps, *une armée sans espions est comme un corps sans yeux et sans oreilles.* C'est pourquoi supprimer ou manipuler les espions ennemis est d'une suprême efficacité. Dans son roman *Le Montage*, Vladimir Volkoff montre

---

1. Ce mouvement est né dans l'ex-URSS à partir du constat que le développement technologique, en particulier dans l'information et la communication, allait bouleverser profondément les affaires militaires. Repris aux États-Unis, il inspire aujourd'hui autant les programmes que les opérations.
2. On les nomme aussi C4I pour : *Command, Control, Computer, Communication & Information.*

comment les opérations d'influence soviétiques de la Guerre Froide se focalisaient sur les élites européennes en raison de leur effet démultiplicateur sur les opinions publiques et sur la stabilité du fonctionnement des États et de leurs institutions. Du succès de cette concentration des efforts dépendait celui de l'accomplissement d'un dessein beaucoup plus vaste : l'extension de la zone d'influence soviétique.

Ce stratagème dix-huit recommande de voir derrière les formes ce qui en fait la puissance et éventuellement le danger. S'attaquer aux intentions, au cœur des projets, de préférence à leurs dispositions matérielles se révèle d'autant plus économique que la situation dans son apparence et dans ses composantes est complexe. Agir sur le centre de gravité[1] plutôt que sur les muscles adverses. Il s'agit d'un principe de concentration des efforts sur le point clef d'une force et d'une organisation. Cela peut être aussi bien une élite intellectuelle, un corps administratif ou des relations de confiance mutuelle au sein d'un organisme. À la différence des autres stratagèmes d'attaque, il s'agit ici d'un modèle très direct dont l'application dépend, comme toujours, des circonstances. Saisir l'essence des fins qui se trouvent derrière une

---

1. C'est ce que Clausewitz appelait le *point lourd*, mais avec la différence de l'élégance dans le cas de la culture du stratagème.

stratégie rend aussi possible la composition de cette stratégie, son orientation dans un cadre d'ensemble dans lequel on va la faire travailler à ses desseins.

PARTIE IV
STRATAGÈMES DE LA DERNIÈRE EXTRÉMITÉ

> Stratagèmes du chaos ou de la mêlée – En position défensive – Des batailles presque perdues ou en position d'échec – Stratagèmes de déplacement, d'union ou d'annexion – Des situations désespérées.

19 Travailler en montagne
20 La confusion opportune
21 *(29)* Enrôler la force adverse
22 *(30)* Rendre l'inutile indispensable
23 *(31)* La faveur fatale
24 *(32)* La déception paradoxale

Cette famille regroupe six stratagèmes correspondant à des situations chaotiques, d'impasse ou désespérées. Celles-ci ont en commun le fait que le stratège dispose de moyens insuffisants, ou absents, pour faire face au péril. Le *chaos* désigne des états de confusions, dangereux mais riches en potentiel de bifurcation si l'on fait preuve de réalisme. L'effacement, temporaire ou définitif, d'un ordre préexistant ouvre le champ à un imbroglio relationnel instable où inspiration et savoir-faire immédiat sont des atouts indispensables. Dans les situations d'*impasse*, la seule logique rationnelle et cohérente manifeste ses limites et il convient d'investir dans des procédés insolites, voire paradoxaux, pour transformer en leur contraire des conditions initialement défavorables. Le recours à des déplacements et à des inversions de qualités y est indispensable. Enfin, les situations *désespérées* donnent naissance à une inventivité essentielle pour se sauver alors que tout indique que c'est la fin ! De manière générale, les ruses et dispositifs de cette quatrième partie mettent tous en œuvre des procédés *Ji* (extraordinaires) pour faire mentir ce qui s'annonce comme inéluctable et irréversible. Cela constitue sans nul doute le nec plus ultra de l'art « stratagémique ».

19

TRAVAILLER EN MONTAGNE

La faiblesse l'emporte sur la force
Yi King – Le livre des transformations
Le sage montre la lune, le fou regarde le doigt
Proverbe africain

Affecter la source qui fait la force – Tarir le puits – Modifier les conditions initiales – Aller au-delà des dispositions apparentes – Déplacer le point d'appui – L'attaque sur les arrières – ***Outre-passer***

Retirer les bûches sous le chaudron – Retirer les bûches de dessous la marmite – Pulling out the firewood from beneath the cauldron – Take away the fire from under the cauldron – Robar la lena de debajo de la caldera – Tirar a lenha de debaixo do caldeirao.

> Au crépuscule d'une journée étouffante, le reporter Robert Arnaud, assis paisiblement aux côtés d'un vieux sage africain, contemple le soleil qui décline. À quelques centaines de mètres, un baobab solitaire détache sa silhouette imposante dans le contre-jour d'un foisonnement de rouges s'étirant dans un ciel où les bleus s'assombrissent. En cet instant unique, suspendu entre lumière et obscurité, une tenace question s'agite dans l'esprit du reporter. Dis-moi vieux sage, cela fait plus de dix ans que je parcours ce continent en évitant ses métropoles et je ne sais toujours pas dire ce qui fondamentalement distingue l'Afrique de l'Europe ?
>
> Pas de réponse immédiate, puis, à l'issue d'un silence, comme pour mieux savourer la demande, le vieux sage réplique doucement en désignant le paysage d'un geste ample. Que vois-tu là devant ? Ce que je vois, reprend Robert Arnaud ? Eh bien, un magnifique baobab qui se découpe sur l'horizon. Et tu peux me le décrire plus précisément, renchérit le sage ? Oui, bien sûr, il a quatre branches principales au-dessus d'un tronc qui en représente à peu près les deux tiers. Devant l'absence de réaction de son interlocuteur qui acquiesce en dodelinant du chef, moitié dubitatif moitié ironique, le reporter insiste. Mais toi, vieux sage, que vois-tu donc ? Dans un souffle et comme sur un ton de surprise : ce que je vois ? Et bien... ce sont les racines ![1]

---

1. Annecdote, tirée de « L'Afrique du jour et de la nuit » de Robert Arnaud, et librement reprise par l'auteur.

Le baobab domine la savane de sa hauteur majestueuse au point que le regard ne sait y échapper. Dans la brousse aux lignes horizontales et à la végétation rabougrie, il livre tous les signes de la solidité et de la force (*yang*). Rien ne le supplante et il est le seul à procurer un peu de fraîcheur reposante. Mais cette auguste présence, autant matérielle que visuelle, n'existe pas en soi, comme une donnée intemporelle, un état de fait sans cause. Le *yin* du baobab, le potentiel obscur qui alimente sa magnifique stature ne se perçoit pas à l'œil nu. Un réseau de racines plonge très profondément dans la terre où il se ramifie sur une étendue plus spacieuse que l'ombre projetée par ses branches. Sans lui ce ne serait que bois de chauffage sans vie.

Considérer de manière privilégiée l'origine c'est reconnaître l'importance de la face cachée, ou immergée de la réalité, celle où se noue la genèse invisible des manifestations tangibles. Cela conduit à prendre en compte ce qui se situe en *amont* de ce que les sens perçoivent, ou de ce que le stratège doit affronter, réduire, soumettre ou encore enrôler dans son jeu. Au-delà de ce tactique perceptible et analysable (l'arbre tel que les sens l'appréhendent), il s'agit de reconnaître la dimension stratégique des manifestations (le réseau des racines).

Lutter contre une inondation alors que les flots se déchaînent dans la vallée est de bien peu d'effet, tout au plus peut-on aspirer à sauver l'essentiel ou à limiter les dégâts. La prévention est de loin plus efficace que le contre, soit en temps et lieu où se créent les conditions de l'accumulation dangereuse d'eau, soit en montagne ! *Lorsque le tonnerre éclate, il est trop tard pour se boucher les oreilles*, dit le proverbe. En d'autres termes, il est plus économique de s'attaquer à la racine des phénomènes de préférence à ceux-ci. Tel est l'enseignement, somme toute élémentaire mais combien nécessaire, de ce stratagème numéro dix-neuf. Son intitulé traditionnel, *retirer les bûches sous la marmite*, reprend de manière imagée l'une des recommandations centrales de Sun Tzu : viser l'esprit adverse, réduire ce qui enfante ses intentions et sa stratégie plutôt que ses dispositions, ses troupes ou, pire encore, ses places fortes !

Pour refroidir le liquide brûlant d'une marmite, rajouter de l'eau glacée n'a qu'un effet temporaire et s'en prendre au feu est dangereux. En revanche, il est décisif d'ôter ce qui représente la condition de l'ébullition : le combustible lui-même. Supprimer les bûches s'effectue à mains nues, sans précaution particulière et en toute sécurité dans la mesure où l'on s'y prend correctement et à temps. Il est aisé d'en supprimer l'arrivée, l'acheminement et jusqu'aux lieux de leur stockage voire de la coupe en forêt, là où *la marmite n'a pas accès* !

Ce stratagème conseille de ne pas réagir et surtout de ne pas se régler sur les termes d'une pression imposée par un tiers, mais de quitter la ligne de l'opposition frontale au profit d'un contre indirect au fondement de celle-ci, soit sur les raisons qui l'expliquent et qui la rendent possible. Lorsque l'on subit l'offensive d'une force supérieure, il est vain de s'engager dans une montée aux extrêmes, dans un surenchérissement défavorable. Plutôt que de se confronter au *yang* adverse, on s'applique avec économie sur le *yin* situé à sa source. En se dérobant à une confrontation ouverte, l'incursion derrière le rideau des apparences, quelque redoutables et effrayantes soient-elles, suppose de se tenir à distance de l'eau bouillante et de développer l'intelligence des fondements de l'agression. En refusant de reconnaître une fatalité dans la chaleur insupportable du contenu de la marmite, on considère alors un contexte plus vaste dans le temps et l'espace. L'identification des relations de causes à effets crée les conditions d'actions en profondeur, là où les dispositions sont, a priori, moins hostiles ou défavorables en termes d'adversité, soit en montagne ! Ce stratagème se révèle utile et salutaire dans la situation de qui se sent acculé. En amont de la pression d'un supérieur hiérarchique intraitable, il désigne un théâtre d'opération plus étendu et plus malléable.

Au cours d'un duel, celui qui fixe obstinément le sabre adverse aliène sa liberté dans l'attente d'une initiative contre laquelle, tout au plus, il espère réagir sans trop de retard. Un tel champ de perception, subi et limité, restreint la marge de manœuvre et rend prévisibles donc vulnérables, les parades.

Voir plus large requiert un effort délibéré et volontaire pour ne pas s'inféoder aux termes d'une interaction choisis par l'adversaire. Le préalable de ce qui en détermine les orientations ne peut pas se limiter au seul apparent et tangible. Le visible n'est que la partie émergée d'une réalité complexe, souvent moins déterministe, qui l'englobe et qui recèle des degrés de liberté et de possibles bifurcations. Or, dans les conflits, le moral et la logistique contribuent de manière souvent décisive à rendre la force combattante effective, déterminée, confiante, ou le contraire. Casser le moral (le feu) ou ruiner la logistique (l'acheminement des bûches) qui alimentent une offensive constitue le préliminaire d'un affrontement ultérieur éventuel dans des conditions moins défavorables.

Celui qui mène une offensive a tout intérêt à limiter le champ de vision de ceux à qui il s'oppose, et à leur présenter un nombre restreint d'options d'autant plus fatales qu'il sera prêt à toutes les réduire ! Pour celui qui reçoit l'agression, accepter cet appauvrissement a le parfum d'un début de défaite. Toute manifestation objective (*yang*) possède sa propre histoire (*yin*) qui l'engendre. Abattre un baobab nécessite un effort colossal, en revanche, affecter le réseau de ses racines, là où elles sont le plus tendres, n'impose pas la même dépense d'énergie ! Ce faisant, on s'émancipe d'une confrontation coûteuse et dangereuse (abattre le baobab en pleine lumière) pour prendre une initiative là où les défenses ne sont pas formatées pour résister.

En usant de l'image des mouvements de l'eau sur un relief donné, Sun Tzu recommande de frapper la faiblesse (déclivités, creux) et d'éviter ce qui est ferme et qui résiste (hauteurs). Cela se traduit par un art stratégique et tactique du positionnement et d'une application de la force qui ne s'en laisse pas compter par les apparences. Le bon général n'escompte pas la victoire de ses soldats mais des conditions dans lesquelles il les place ! C'est ainsi que Xénophon organisa les restes de ses troupes le dos à une falaise face à des forces perses nettement supérieures mais qui disposaient d'une plaine très praticable pour la retraite. L'alternative pour les Grecs se réduisait à vaincre ou mourir, alors que les Perses avaient le choix entre affronter une bande d'enragés n'ayant plus rien à perdre, ou bien temporiser dans l'attente d'une situation plus favorable. C'est en agissant sur le contexte de l'interaction que Xénophon évita la défaite et les Grecs se sauvèrent !

Ce dix-neuvième stratagème ne procède pas d'une philosophie héroïque où, sûr de son bon droit, on s'engage aveuglément. Dans les toutes premières pages de son traité, Sun Tzu souligne que dans l'art de la guerre il y va de l'existence même de l'État ou des acteurs concernés. C'est pourquoi un affrontement armé ne doit être envisagé que dans la mesure où les chances de succès sont préalablement rassemblées. En cas contraire, mieux vaut renoncer et trouver une voie qui permette, de manière subreptice et invisible, de parvenir à ses fins ailleurs, autrement ou plus tard.

D'un point de vue stratégique, *travailler en montagne* signifie œuvrer là où naît la puissance, puis s'appliquer à orienter les multiples ruissellements qui constituent progressivement les grands fleuves. Cela suppose de refroidir ses perceptions et les émotions qui en naissent spontanément, pour regarder au-delà des phénomènes perceptibles et distinguer ce qui les détermine. Une fois encore en matière d'efficacité, le stratégique, global et moyen-long terme, s'impose sur le tactique, local et court terme. C'est au travail indirect des conditions que l'on s'attache plutôt qu'à l'action centrale sur les acteurs engagés. À la recherche d'une solution urgente, sans recul et souvent illusoire, on préfère ce qui assure un résultat durable. À la réaction chaude, emportée et frontale, on substitue l'exercice d'une intelligence qui ne s'arrête pas à la seule considération des rapports de forces immédiats et tangibles. Loin de contrer un *yang*, visible, solide et résistant, viser le *yin* qui lui fournit son potentiel est moins hasardeux et plus économique. Cela suppose de ne pas se laisser absorber émotionnellement par la contemplation fascinée des faits apparents, ce qui en soi est un gage de sagesse.

Les enseignements d'un tel stratagème sont salutaires dans la vie quotidienne que cela soit dans le domaine du travail, des relations sociales ou amicales. Il incite à ne pas se focaliser sur ce qui est dit mais sur qui en tisse le contenu. Cela revient à élargir sa vision et à donner plus d'amplitude aux rythmes en œuvre dans une interaction des volontés, à s'ouvrir sur les contextes et à ne pas se laisser aller au fatalisme, voire à un défaitisme résigné.

Travailler en montagne, cette formule emblématique résume le principe chinois de la stratégie qui considère les potentiels de préférence aux dispositions palpables. C'est en amont, *en montagne*, que se construit de manière plus aisée la liberté d'action et que s'organise l'économie des moyens, hyperprincipes clefs dans la culture stratégique française.

20

LA CONFUSION OPPORTUNE

Les temps difficiles créent les héros.

La meilleure façon de contrôler son ennemi est de laisser la nature faire son œuvre.
Proverbes chinois

Pêcher en eau trouble – Tirer profit du brouillard – Estomper les relations de causes à effets – L'opportunité soudaine – Le profit du chaos – *O jogo da cintura –* **Confondre**

Pêcher du poisson en eaux troubles – Troubler l'eau pour attraper les poissons – Muddle the water to seize fish – Fish in trouble waters – Fishing in trouble waters – Catching a fish in trouble waters – Pescar en aguas turbias – Pegar um peixe em aguas turbulentas.

Dona Maria, qui habite Copacabana, vient de vider son compte épargne pour payer le voyage de son fils en Europe. Sur le retour, elle fait un crochet par une pâtisserie dont elle affectionne particulièrement les délicieux éclairs au chocolat. Alors qu'elle attend tranquillement son tour, entre de manière brutale un jeune homme nerveux qui a tôt fait de brandir une arme et menace clients et pâtissière en leur enjoignant de se délester, séance tenante, de tout l'argent dont ils disposent. Terreur et consternation. Derrière la caisse la tenancière, livide, est paralysée de peur. Atterré de constater que rien ne bouge, le voleur avertit d'une voix blanche qu'il ne faut pas le pousser car il ne répond de rien, alors que Dona Maria serre le précieux sac contenant ses économies.

La tension déforme les visages et l'agresseur se sent contraint d'en rajouter. Brusquement inspirée, Dona Maria s'exclame en direction de la pâtissière : « Vous ne comprenez pas ? Donnez-lui de l'argent car il en a besoin ! » Stupéfaction, une cliente défend la cause du braqueur qui saisit au vol l'argument qui lui est offert comme une solution. « J'ai besoin d'argent pour ma famille », fait-il menaçant ! Et Dona Maria de renchérir : « Vous devez l'aider, et nous aider aussi », ajoute-t-elle en prenant l'assistance à témoin qui timidement acquiesce. Le voleur enhardi, sentant peu d'hostilité de la part des clients, se dirige précipitamment vers la pâtissière qui lui ouvre son tiroir-caisse. N'en demandant pas plus, l'agresseur disparaît et tout le monde souffle. Dona Maria s'empresse vers l'agence de voyage pour s'acquitter du montant du voyage de son fils. Tant pis pour les éclairs au chocolat[1].

> *Rien ne sert de courir, il faut partir à point*
> Jean de Lafontaine

Dans une banlieue de Tokyo, un train sans freins fonce à tombeau ouvert et les passagers sont terrorisés. Au beau milieu de cette panique générale, un homme demeure serein, un livre posé sur les genoux. La tension s'accroît, on tente d'ouvrir les fenêtres, on déverrouille les portes, on se chamaille pour savoir s'il faut briser les vitres… Le calme voyageur ne bouge pas alors que le tremblement de la vitesse augmente. Enfin le train en s'approchant d'une colline ralentit pour se stabiliser ensuite. Livides les passagers, qui se sentent miraculés, demandent à l'homme pourquoi il ne s'est pas angoissé. « J'attendais l'occasion de sauter, elle ne s'est pas présentée et le train s'est arrêté de lui-même ».

Lorsque les eaux d'un fleuve se troublent, les repères disparaissent et le souci central devient l'espoir d'un éclaircissement ou d'une occasion soudaine. Dans de telles situations, le savoir-faire inspiré et tactique, l'opportunisme et le *jogo da cintura*[2] consti-

---

1. Histoire racontée par Salomao Schwartzman sur Radio Cultura, Sao Paulo, et librement reprise par l'auteur.
2. Expression brésilienne, littéralement « le jeu de la taille » ou des hanches, que l'on pourrait traduire par jouer des coudes même au prix de roublardises pour se tirer d'affaire.

tuent des atouts de survie. Dans les flots agités, la confusion entre le haut et le bas, la gauche, la droite et l'impossibilité de voir avec précision autant le loin que le proche ruinent les prévisions, tout comme les plans d'action organisés et séquencés. Les notions d'ami et d'ennemi deviennent relatives et le climat de tension laisse peu de loisir à la réflexion. Dona Maria ne sait comment se tirer d'affaire, pas plus que l'homme tranquille dans le métro de Tokyo. Tous deux ont néanmoins la ferme résolution d'attendre l'opportunité. Face à ce type de configuration, il est judicieux de saisir sa chance en un éclair lorsqu'elle se présente et d'y croire !

Fondamentalement, ce stratagème s'applique à des situations où les caractéristiques de l'environnement ne sont pas fixes. Sous l'effet d'une perturbation violente, les échelles de valeurs préexistantes et les régulations qui structuraient les relations n'ont plus la même pertinence ni cohérence. Le fort peut se révéler faible et vice-versa. L'apesanteur relative des positions, dispositions ou convictions rend le contexte dangereux et menaçant pour qui ne sait s'adapter ou innover à point nommé. Dans ce moment crucial de possibles redistributions des cartes, vigilance et réactivité s'imposent. Alors que l'affolement n'est d'aucune utilité, il est urgent de savoir attendre, sans les pesanteurs d'a priori et en restant prêt à tout.

Lorsque le milieu s'opacifie, il est futile d'exiger la clarté. Les rayons du soleil ne savent pénétrer au travers des eaux opaques, tout au plus ils y développent une zone brumeuse plus troublante que limpide. Il est vain d'espérer que l'incertitude se disperse aussi rapidement que l'on voudrait. Sonne l'heure des démagogues qui polarisent et rassurent les égarés en leur faisant miroiter des solutions miraculeuses. Leur verve (*yang*) oriente des énergies en perdition (*yin*), il les transforme en potentiel au service de leurs propres intérêts. Aveugle dans sa rivière, le poisson est incapable d'identifier la relation fatale qui relie l'appât à la canne du pêcheur. La nébulosité est favorable à la définition d'ordonnancements nouveaux susceptibles de s'imposer une fois le brouillard dissous. Un stratège avisé en ressort avec avantage, ou du moins sans dommage comme dans le cas de Dona Maria.

Les périodes d'incertitude sont plus favorables aux marginaux créatifs qu'aux gens de pouvoir habitués à se reposer sur un establishment lisse, sans accidents, et qui les sert au point qu'ils en ont abandonné leur sens de la survie. Le chaos correspond à un moment de disponibilité de potentiels sans amarres, et des espaces apparaissent là où l'organisation antérieure les verrouillait. L'agile et le mobile l'emportent alors sur le lourd et le puissant. Les crises sont porteuses de nouvelles donnes qui ne s'inscrivent pas dans les logiques qui prévalaient. Qui s'arc-boute sur des procédés *Zheng* perd plus de plumes que n'en gagnent ceux qui misent sur le *Ji*. Il est préférable de jouer *Ji* et de passer à *Zheng* lorsque la confusion se dissipera au profit d'un nouvel ordre en émergence, celui de l'affermissement de légitimités neuves ou celui des nouveaux riches…

Le stratagème de la confusion opportune s'applique dans deux espèces de circonstances : celles où il n'est d'autre voie que de s'adapter, et celles où l'on escompte délibérément un profit du chaos suscité. Perturber et obscurcir à dessein un milieu peut être stratégiquement utile pour concrétiser un objectif. Plongé dans les eaux troubles, qui perd le Nord devient le jouet de celui qui reste ferme dans sa résolution. Les indécis sans boussole s'enrôlent alors dans le projet de ceux qui affirment en avoir une, qu'ils soient d'authentiques et sages stratèges ou de dangereux démagogues. Pour un prédateur, cela se traduit par une capacité d'action au plus proche de ses proies sans être détecté, ou trop tard.

Une autre interprétation, plus positive que prédatrice, consiste à suivre le précepte de Sun Tzu selon lequel l'absence de confusion dans une organisation constitue l'un des facteurs de l'invincibilité. En cela, ce vingtième stratagème conduit à une sagesse de management : produire des plans et de procédures clairs, se défier d'une communication ambiguë, se soucier de feedback, prohiber les messages et les signaux contradictoires, régler les contentieux au plus tôt de leur naissance… En réduisant les occasions de trouble on améliore d'autant la capacité à agir de manière unie et conséquente. À l'inverse, lorsque les indications ne sont pas évidentes pour tous et que la politique comme la stratégie ne sont pas partagées, chacun dans l'entreprise est conduit à penser à ses petites affaires indépendamment de sa contribution à l'ensemble comme des petits poissons dans l'eau trouble. La confusion non seulement modifie les comportements, les relations et les plans, elle représente un potentiel de bifurcation.

Dans l'exemple initial illustrant ce stratagème, on retrouve une figure tactique très commune au Brésil et que l'on qualifie affectueusement de *jeitinho*[1] qui vient du verbe *ajeitar* : arranger, apprêter, disposer de manière spécifique. L'anthropologue carioca Roberto da Matta le définit comme « *une pratique sociale destinée à résoudre les conflits, à rendre compatibles des intérêts, à créer des alternatives originales pour chaque situation problématique et à assouplir les processus de décision*[2] ». Pour tout problème compliqué, il existe une manière de s'en sortir au moyen d'un truc, d'un tour, d'une ruse, d'un expédiant peu conventionnel

---

1. La forme diminutive de *jeito* est *jeitinho*, ce qui lui donne en sus une nuance affective. Littéralement, le mot signifie : tournure, forme, adresse, habilité, mouvement, entorse.
2. In *Carnavais, Malandros e Herois*, Éd. Zahar, Rio do Janeiro, 1980.

mais qui marche. Le *jeitinho* est avant tout un biais, une pratique astucieuse, souvent un peu limite, voire totalement. Dans la société brésilienne, le *jeitinho* se traduit dans des procédés agiles et « élégants » pour se sortir *dans l'instant*, de manière imprévue et à très court terme, d'un mauvais pas, ou pour tirer profit d'un avantage. Le penalty retardé de Pelé est un exemple de *jeitinho* sportif. En différant sa frappe, Pelé trompe le gardien qui s'élance dans une direction, ce qui lui laisse le temps d'ajuster son tir en connaissance de cause et de marquer !

Comme dans l'inspiration soudaine de Dona Maria, le *jeitinho* met en jeu l'intelligence, l'inventivité et la rapidité à l'encontre des conventions et habitudes, règles et usages établis. Il revendique la liberté de la personne, du « *je* » envers et contre une légalité et une norme estimées extérieures et faites pour d'autres. Il ne s'accorde pas à reconnaître la légitimité d'un intérêt collectif supérieur, d'un aménagement juste et logique des choses. En revanche, la pénombre de la confusion représente un potentiel créatif, plastique et à disposition pour se procurer des marges de manœuvre dans des situations bloquées ou insupportables. Derrière le recours au *jeitinho*, se profile une représentation selon laquelle on ne peut survivre honorablement en respectant des réglementations entendues comme absurdes, illogiques, voire profondément injustes au regard de l'intérêt personnel. Au gré des circonstances, chacun se voit comme placé *dans l'obligation* de corriger cet ordre et de le subvertir au moyen de solutions inspirées, ce qui revient, en définitive, à se faire justice soi-même !

Autre concept comparable, le *jogo da cintura* consiste à se faufiler dans l'imbroglio du monde en comptant sur un savoir-faire fondé sur une morale individuelle. Puisque les choses sont mal faites, l'individu doit nécessairement redistribuer les cartes de manière opérationnelle pour s'ouvrir une issue favorable immédiate comme Dona Maria, même si d'autres en profitent aussi. En termes tactiques, cela se manifeste dans une capacité véloce à créer des relations originales entre les éléments d'une situation intolérable. Dans le Cuba castriste, on parle de *miracle permanent* : alors que rien n'est objectivement possible, on trouve toujours une solution. En Colombie, le *jeitinho* se traduit dans la *malicia indigena*. Dans le Panthéon de la Grèce Antique, il correspond aux attributions de Métis, déesse de l'intelligence rusée[1]. En France ce qui s'en rapprocherait le plus serait le système D. Lorsque la seule considération rationnelle des conditions démontre à l'envi la contradiction entre le blocage et la nécessité, il n'est d'autre recours que de faire mentir cette logique insupportable et non conforme aux besoins des personnes, dont le

---

1. Voir à ce sujet le très excellent livre de Jean-Pierre Detienne et Marcel Vernant, cf. bibliographie.

jeitinho revendique la légitimité ne serait-ce qu'au nom de la survie.

L'aptitude au *jeitinho* suppose une grande sensibilité doublée d'une pertinence fine et instantanée dans le traitement du signal faible et de l'information. Libres d'a priori, d'engagements et de contraintes, les personnes doués de *jeitinho* se créent des ouvertures là où la rationalité de l'analyse n'en identifie aucune. Cette « réussite » se présente comme miraculeuse et magique dans son pied de nez à l'ordre, aux conventions et aux canons dominants. Lorsque considérer une situation posément est l'assurance de l'échec, que le temps manque et que la logique officielle travaille contre soi, planifier n'est d'aucun secours. Confiance et conviction intérieures se conjuguent pour inventer ou débusquer une issue jouée prestement. Le *jeitinho* se manifeste sans signes annonciateurs. Il surgit comme l'éclair sans que l'épaisseur d'un cheveu ne s'immisce entre l'identification du moment propice et sa saisie, car il ne faut pas laisser le temps à *l'ordre des choses* de dicter à nouveau sa cohérence. Comme dans la Métis, il répugne aux définitions trop claires car contraires à la liberté de qui est sous l'emprise d'une situation impossible.

Le *jeitinho* économise le coût de l'opposition frontale, au besoin en versant dans la roublardise. Son indépendance et son inventivité s'adaptent à la réalité dans les termes où elle se présente. Son schéma est tactique plus que stratégique car le *jeitinho* est *immédiatiste*[1]. Comme n'importe quel stratagème, il ne s'impose pas, a priori, mais dérive des caractéristiques même qu'une situation porte en elle. Tout investissement ou posture trop stricte ou définitive restreint la marge de mouvement et l'éventail de ce qui est concevable. Une fois la solution trouvée et jouée, le *jeiinhto* disparaît pour éviter de se voir opposer à l'avenir, une contre-stratégie qui le rendrait inefficace. Sa fertilité s'enracine dans un trouble, vital pour son existence. Il efface ses traces à dessein car cette absence de mémoire représente une condition de ses possibilités futures. Il échappe ainsi à une modélisation explicite, reconnue publiquement, qui le rendrait prévisible et de ce fait inopérant.

C'est la *capacité au jeitinho* qui importe et non une quelconque base de données de procédés mécaniquement applicables en fonction d'une analyse rationnelle. Chaque personne comme chaque situation dans sa singularité, est porteuse de potentiels. On ne se vante pas d'un *jeitinho* parce que, par définition, il procède du non-recommandable, de l'ombre et de la pénombre, de la limite, de la marge, de l'extrême, en anglais on dirait qu'il est *borderline* et c'est à ce titre qu'il est efficient ! Il pose la supériorité de la personne à la norme enten-

---

1. Autre concept brésilien que l'on peut définir comme l'absence de prise en considération des conséquences futures des décisions et actions présentes, contraire à la planification.

due comme dévalorisante, immobilisante et contraire à la liberté. Fort d'une intelligence situationnelle, il se manifeste là où l'action conventionnelle est impuissante. Lorsqu'un problème survient aux États-Unis, plaisantent les Brésiliens, on recommande de consulter la notice technique, texte explicite d'un processus qui dit comment les choses *doivent*, ou sont faites pour fonctionner. Au Brésil en revanche, on ne s'attarde pas à de semblables considérations, mais *se da um jeito* ! On invente un *jeitinho* porteur d'une solution ponctuelle, peu généralisable, et qui défait momentanément l'absurdité de règles qu'il faut nécessairement interpréter et adapter car le monde est mal fait. Plus importante que le système, la personne l'emporte sur les procédures.

Les réseaux relationnels sont propices aux *jeitinhos* et l'institution officieuse dans la société brésilienne du *despachante* est éloquente en la matière. Il s'agit d'un professionnel dont les connaissances et les contacts permettent des prestations coupe-fil qui font gagner un temps précieux dans des démarches administratives complexes et interminables. La fonction, tolérée, a pignon sur rue. En mettant de l'huile dans les rouages, elle évite une contestation révolutionnaire de l'ordre établi, tout en s'affirmant, comme le *jeitinho*, porteuse de beaucoup plus de réalisme et d'efficacité ! Lorsque la clarté aveugle et oppresse, la fécondité du trouble, joué *mezza voce*, est salutaire.

21 (29)

ENRÔLER LA FORCE ADVERSE

En absence de troupes, utilise celles de ton ennemi
Sun Tzu
Soyez crédibles, rendez vos adversaires crédules
Jean-François Phélizon

User d'avantages dont on ne dispose pas – Crédibiliser un mensonge – Emprunter une belle apparence – Stratagème de l'emphase et de l'emballage – *A massagem do ego*[1] – Dramatiser

> Orner de fleurs un arbre sec – Décorer l'arbre avec beaucoup de fleurs – Deck the tree with flowers – Putting fake blossoms on the tree – Flower bloom on the tree – Adornar los arboles con flores falsas – Cobrir a arvore de flores.

---

1. Littéralement : le massage de l'ego, expression brésilienne qui parle d'elle-même !

Acculé, Goupil le Renard n'a plus de sortie possible. Le Lion, pesant et nonchalant, qui sait qu'il a partie gagnée, se rapproche d'un pas lent pour mieux savourer le goût de sa victoire et le désarroi de sa victime. C'est alors que contre toute attente, celle-ci l'interpelle avec un culot qui le sidère. « Salut à toi, ô Roi des Animaux, entre presque égaux nous nous devons déférence. » L'outrage est tel que le Lion en demeure interdit, lui qui ne reconnaît chez les autres que peur et soumission. « Oh, je te vois surpris compère Lion, continue crânement le Renard, mais tu dois savoir toi aussi qu'en dépit de nos apparences, Dieu m'a doté du pouvoir suprême parmi les animaux, l'aurais-tu donc oublié ? » Reprenant ses esprits le fauve rugit de rage contre ce crime insigne de lèse-majesté. Comble de surprise, bien que transi de peur sans le laisser paraître, Goupil persiste et signe ! « Oui, ô Roi des Animaux, le Tout-Puissant dans son immense compassion pour ma frêle stature, voulut y associer une sagesse si redoutable que nos semblables s'en effraient à ma seule présence. Y ferais-tu défaut ? Ne craindrais-tu point Dieu ? »

Le poids, la force, la taille, les attributs, rien ne permet au Roi des Animaux d'accréditer ce qu'avance ce vermisseau de Renard. « Eh bien, poursuit celui-ci enhardi par la perplexité du Lion, je te le démontre à l'instant si tu daignes m'accompagner. À travers moi, le Très Haut t'enseignera l'un des mystères qu'Il ne réserve qu'à un nombre infime de Ses élus. » Fichtre, se dit le Lion, l'animal paraît si convaincu que je vais le suivre, j'aurais bien le temps de lui faire son affaire plus

> tard. « Allons-y donc, ricane le félin, mais faisons vite car j'ai faim. » Séance tenante, le Lion à la suite du Renard se faufile entre les herbes pour atteindre bientôt un troupeau de gnous paissant paisiblement. Mais avant qu'ils ne les aperçoivent, Goupil s'est élancé devant eux en gesticulant pour se manifester. L'effet est stupéfiant et les bovins détalent ventre à terre dans un brouhaha de sabots qui fait trembler la brousse. « Vois compère Lion, vois comme ils me respectent, non, je blasphème, comme ils respectent Dieu qui dans Sa gloire et Son infinie miséricorde nous enseigne à Le craindre pour notre salut à tous. » Jusqu'à la nuit, le Lion constatant que tous les animaux fuient systématiquement à l'approche du Renard, décide de remettre son repas à plus tard. Non seulement Goupil est sauf, mais il a instillé dans l'esprit des autres animaux un respect qui n'est pas prêt de disparaître[1].

Alors que, selon toute vraisemblance, la fin est proche, il est essentiel d'user d'un moyen extraordinaire (*Ji*) pour se sauver. Lorsque l'inégalité des forces conventionnelles (*Zheng*) est plus que criante, l'argumentation rationnelle est sans espoir. Dans un tel extrême, plus déroutant sera le paradoxe, plus il aura quelque chance d'effet. Plonger l'autre dans la perplexité et l'y maintenir jusqu'à ce qu'il renonce, ou obtempère, passe par une rythmique soutenue qui ne laisse place ni à l'initiative

---

1. Conte chinois traditionnel, librement repris par l'auteur.

adverse, ni au raisonnement logique et posé. Le désappointement doit être tel qu'il interdit de distinguer l'illusion du réel. La surprise produit un temps d'arrêt, puis l'usage des moyens adverses rendus aveugles par l'étonnement, retourne la situation. En convainquant courtoisement le Lion de l'accompagner dans sa démonstration, le Renard se sert de la force et de la terreur que celui-ci inspire. De réduite à son plus bas niveau, cette liberté d'action, soudainement accrue, est prestement jouée jusqu'à concrétiser une issue favorable. Lorsque l'on est dépourvu de ressources, il faut se servir de celles des autres et jusqu'à celles de son propre adversaire, recommande Sun Tzu.

Ce stratagème met en œuvre un processus de transformation du faux en vrai. Le Lion est d'évidence le Roi des Animaux, celui devant lequel tous se soumettent. À ses yeux, ce rang et ce respect le dispensent de la nécessité d'une intelligence astucieuse et perspicace puisqu'il lui suffit d'être ce qu'il est. Les choses étant ce qu'elles sont, elles ne sauraient être ce qu'elles ne sont pas ! Aucune anguille sous roche, pas de lézard, le Lion accrédite ce réel qui le sert si bien, et n'accorde pas l'ombre d'un crédit à de quelconques spéculations, ou viles suppositions, qui prétendraient que ce que les sens perçoivent n'est pas *toute* la réalité. De ce fait, il en vient à ne pas reconnaître la possibilité même, si ce n'est la légitimité, d'autres points de vue, d'autres valeurs, ainsi que la créativité indispensable aux dominés.

Pour le Renard, cette vision léonide est une bénédiction. Dans ce monde taillé à la mesure de son despotisme sans appel, le Lion est incapable de concevoir l'existence d'une force d'une autre nature que la sienne. Cette cécité du pouvoir fait le lit d'une réelle faiblesse car il ne sait pas même imaginer un autre ordre des choses, absurde, déraisonnable et contraire au *comme cela et pas autrement* ! Ce dominant sans partage, si béatement heureux et comblé, n'a pas besoin d'être futé et c'est pourquoi, pour son malheur, le Roi des Animaux est un benêt potentiel manipulable. Sa vision unidirectionnelle est aveugle à l'inventivité de survie des faibles. Dans cette zone d'ombre de la perception adverse, le Renard *da um jeito*[1]. Il instille un argument que le Lion, habitué et à l'aise dans la considération exclusive de ce qui est rationnel, ne peut prendre comme illusoire, et cela d'autant plus que son interlocuteur est à l'article de la mort. Il serait futile et peu conséquent de mentir dans une telle situation, donc, si Goupil prétend qu'il est Élu de Dieu, cela mérite examen. Le système de croyance du félin est le meilleur couvert pour la manœuvre du Renard.

Si l'on étudie comparativement le jeu de chacun des protagonistes, on constate que le dominant n'use que d'un échiquier, le sien, alors que le dominé *maîtrise la dialectique de l'interaction des*

---

1. Voir stratagème précédent.

volontés[1], en les articulant tous deux et l'ensemble qu'ils composent. L'un est mécanicien, instrumentiste pourrait-on dire, quand l'autre est stratège, chef d'orchestre ou dramaturge. Nous avons là une parfaite illustration de la nature de la stratégie, qui consiste à faire mentir l'ordre *normal* des choses en mettant du mouvement, du désordre et du neuf, là où il n'y en avait pas. Fruit de la nécessité, l'innovation est du côté de celui qui subit, quand l'autre se contente de ce qui est. Comme le jour enfante la nuit et vice-versa, l'absolu de la force du Lion s'accompagne d'inconscience, de crédulité et de *manipulabilité*. Si le Roi des Animaux n'en reste pas moins redoutable et redouté, cela ouvre des perspectives à l'imagination et... à la stratégie !

Ce stratagème de survie est risqué, il suppose que la cible soit suffisamment tourneboulée pour qu'elle ne puisse reprendre ses esprits et raisonner posément tout au long de la mise en scène qui la prend en défaut. Les gnous détalent à la vue de la silhouette du Lion qui les terrorise, mais cela accrédite aux yeux de celui-ci que le Renard en est la cause. L'à propos (*timing*), la vitesse et le rythme de la succession des séquences sont déterminants : *allegro sin moderato* ! Alors que l'*illusion* occupe opportunément le premier plan, c'est la *réalité* du

---

[1]. Voir André Beaufre, *Introduction à la stratégie*, Economica, 1985.

félin en arrière-plan qui provoque l'effet. Ce stratagème de l'emballage se retrouve dans le marketing du luxe qui donne à voir un déséquilibre flagrant entre le volume, la matière et le coût de l'esbrouffe de la présentation, d'une part, et la petitesse concentrée du produit, d'autre part. Cette dynamique valorise un désir d'acquisition où miroite le prestige scintillant de la possession d'un bien si rare... La théâtralisation de *la silhouette du Lion*, conduit vers l'acte d'achat : *les gnous détalent* !

Les services personnalisés aux riches clients des banques mettent en œuvre le même type de duperie. L'emphase, la valorisation, le massage de l'égo qui insistent pour dire que ceux-ci sont exclusivement réservés à quelques *happy few*, chacun *muito especial*[1], a pour fonction d'empêcher de penser à la facture. L'ostentation et la considération (*les fleurs*) sont telles qu'elles estompent la réalité de leur montant sonnant et trébuchant bien réel (*l'arbre sec*). Au Brésil, le Banco Real a créé ainsi un ensemble de prestations intitulé rien moins que Van Gogh en transformant en code couleurs publicitaire les œuvres majeures du maître. On ne sollicite pas une adhésion à Van Gogh, on y est *élu* et invité par la banque elle-même. On peut aussi y voir une

---

1. *Très spéciales*, expression brésilienne très utilisée : uniques en leur genre, différentes des autres par leur qualité intérieure, ce qu'elles sont...

application du stratagème numéro quatorze : redonner vie à un cadavre.

D'aucuns parmi les hommes politiques savent d'expérience que plus la ficelle, la promesse, est grosse, plus elle a de chance de passer inaperçue ou d'être crue. Plus le mensonge est éhonté, moins il peut paraître comme tel car il va de soi qu'une personnalité publique ne saurait se rabaisser à de telles mystifications ! Les citoyens ont besoin de croire en leurs représentants, sinon, cela en serait fait de la démocratie ! Promettre des lendemains qui chantent, alors que l'on est sans instruments de musique, ni partition sérieuse, revient à orner de fleurs un arbre sec. Ce vingt-neuvième stratagème est appelé par les situations où l'on est enclin à préférer voir des fleurs sur un arbre sec, même si la raison doit en reconnaître l'impossibilité ! Il convient, cela dit, d'harmoniser la nature de l'arbre avec celle des fleurs et ne pas mettre des nénuphars sur un arbre fruitier, encore que ?

Il arrive que des fleurs finissent par redonner vie à l'arbre sec qu'elles ornent. Ce type de ruse est courant dans les organisations lorsqu'un porteur de projet s'assure de la présence du PDG lors de sa présentation. Au moyen de sa duperie, le Renard finit par *incorporer* la force du Lion car il n'est guère d'animaux qui parviennent à se faire suivre docilement par celui qui les terrorise tous. En engendrant cette impression authentique d'effroi, l'artifice de

Goupil créé un effet bien réel et présent, transformé en crédit pour l'avenir. Ce stratagème se rapproche du septième, créer quelque chose à partir de rien. L'assertion du Renard est fausse (*je suis l'Élu de Dieu*), mais sa démonstration est juste (*les gnous détalent*), ce qui revient, en termes de perception, à transformer du faux en vrai ! C'est en prenant à son propre jeu le dépositaire de la force, que la créativité stratégique le conduit par le bout de son nez. Juste revanche ?

22 (30)

RENDRE L'INUTILE INDISPENSABLE

Rien ne se perd, rien ne se crée, tout se transforme.
Aller à vide, revenir à plein
Proverbe chinois

Stratagème du grignotage – Révéler les vulnérabilités pour s'y engouffrer – Le pied dans la porte entrebâillée – Inverser les positions – La meilleure défense est l'attaque – *Retourner*

Échanger les places de l'hôte et de l'invité – Intervertir les rôles de maître de maison et de l'invité – The guest plays the host – Reverse the positions of host and guest – Turn yourself into a host from being a guest – The guest takes over as host – Host and guest reversed – Hacer que el anfitrion y el invitado intercambien sus sitios – O convidado no papel do ànfitriao.

Profondément affecté par le désarroi de son ami Georges, remercié sans indemnités par son employeur, André, PDG d'un grand groupe industriel, l'invite chez lui pour lui éviter de se retrouver à la rue. Au fil des mois qui ont suivi son licenciement, la situation de Georges s'est rapidement détériorée. Ses problèmes financiers aggravant une situation familiale déjà désastreuse, son épouse et ses enfants refusent désormais de le voir. Il sombre dans l'alcoolisme et son laisser-aller s'accroît au point que son apparence physique en pâtit de jour en jour. Crasseux, mal rasé et malodorant, il débarque dans la grande maison de la banlieue chic de Paris. Fanny, l'épouse de son hôte, qui s'ennuie à mourir dans le luxe, fait en sorte qu'il se reconstitue une apparence décente. Avec le temps, dont ils disposent tous deux en abondance, ce qui n'est pas le cas d'André, les deux oisifs s'apprivoisent l'un et l'autre, se trouvent des points communs et s'ouvrent sur les incompréhensions dont ils souffrent. La cuisine devient enjouée, les promenades régulières, puis la fréquentation des cinémas…

« Quelle charmante idée que l'invitation de ton ami », confie une Fanny ressuscitée à son époux. « Quel bonheur de te sentir heureuse », se félicite André dans ses rares moments de disponibilité tant ses affaires l'absorbent ! « À propos, j'ai un service à te demander, cela concerne une fusion acquisition et tu es bien la seule personne en qui j'ai toute confiance. » Avant de se marier, Fanny était une professionnelle renommée dans le domaine, et c'est à contrecœur qu'elle renonça à ses activités. Il y a de la restructuration dans l'air.

> Georges, qui s'y connaît, propose à Fanny de l'aider, et le repreneur, directement contacté, se déclare admiratif du travail. Le climat se tend entre les époux. Fanny se sent à l'aube d'une nouvelle vie, alors qu'André s'épuise à défendre ce qui lui reste de prérogatives en jouant ses appuis politiques... Quelques mois plus tard, Fanny a demandé le divorce et Georges est engagé au titre de conseiller spécial du nouveau PDG du groupe.

Le maître de maison qui reçoit domine la situation, alors que son invité, sans autorité dans la place, n'y joue aucun rôle décisionnel. Dans l'exemple ci-dessus, cette relation initiale s'inverse progressivement à travers une prise de pouvoir insensible de l'intérieur. Le classique des 36 stratagèmes détaille ce mouvement en six étapes successives : se faire inviter, développer l'intelligence de la situation, saisir les opportunités qui se présentent, avoir son mot à dire dans un nombre croissant de domaines, assurer son pouvoir par le contrôle des opérations pour finir par prendre la place de l'hôte ! Tout au long du processus, l'initiative, et paradoxalement la liberté d'action, sont du côté de l'oisif quand l'hôte est empêtré dans tous les impératifs de la gestion et de ses engagements.

C'est au plus près de la force que sourdent les germes de la faiblesse, selon le Yi King, le Livre des transformations. La place, le rang, le rôle et la réussite professionnelle du maître de maison l'absorbent au point d'entraîner un grand nombre de petites déficiences, jusque-là acceptables et acceptées, avant l'incursion d'un nouvel acteur dans le jeu. L'invité, en situation d'observation, n'est lié par aucune obligation, il ne demande rien et n'assure aucune responsabilité particulière, aucun cadavre dans un placard ne l'handicape ! Vierge dans ce contexte, il dispose d'une belle marge de manœuvre pour identifier d'éventuelles opportunités dans les carences de la gestion des affaires courantes de son hôte. Sa capacité d'initiative n'est pas limitée par les pesanteurs des obligations matérielles ou morales, des précédents fâcheux... Or, Fanny s'ennuie, les nombreuses responsabilités de son époux l'ont conduit à mettre un terme à une carrière prometteuse et ce vide n'a pas été comblé sentimentalement...

Dès son amorce, puis tout au long de sa mise en œuvre, ce stratagème évite de distinguer trop nettement les places de l'hôte et de l'invité appelées à s'inverser insensiblement. Georges se fond dans le paysage, ses actes s'inscrivent dans le cours naturel des relations à l'intérieur de la maison. Cela suppose une certaine intelligence, innocente, voire bienveillante, de la situation. Dans le creux accueillant des manques et des absences, des regrets et des frustrations, ou des limites et des incapacités d'André, l'invité s'insère où la gestion l'appelle : écoute, considération, cuisine, promenades, cinémas et... jusqu'au conseil en restructuration ! Le sommet de la possession (situation de l'hôte) génère en son sein même, les germes et points d'appui de son déclin. L'invité ne s'impose pas a priori mais en fonction des vides (*yin*) qu'il rencontre et qui lui permettent de se construire une place (*yang*) portée par les nécessités.

Dans la pensée chinoise, le statut d'invité est offensif parce qu'en absence d'acquisition. Celui de l'hôte est défensif en ce qu'il est installé, dispose du pouvoir, des ressources, de l'autorité et de la légitimité dont l'autre est dépourvu. Dans l'exemple choisi, André est au faîte de sa puissance et Georges ne représente plus rien alors qu'il est accueilli sur son terrain. Le moteur du cycle des transformations peut s'amorcer en faveur de celui qui part de l'inexistant (*yin*) au détriment de celui qui possède (*yang*). Les dynamiques relationnelles constituent un théâtre d'excellence pour ce grignotage en douce, mais l'influence de l'invité grandit s'il sait éviter le risque d'être chassé. En se rendant indispensable, son changement de statut est graduel, imperceptible. D'humble, passive et réceptive, son activité se fait délicatement conquérante de manière si insignifiante qu'elle n'éveille aucune réaction, aucun contre brutal et objectif de la part d'un invitant, initialement en pleine maîtrise de ses moyens. L'introduction dans les failles est subtile. C'est ainsi que la Chine assimila ses conquérants mongols puis mandchous en les sinisant de l'intérieur au fil des siècles. C'est dans le sein d'IBM que Microsoft est né pour devenir un géant autrement puissant que Big Blue. Ce processus emprunte la voie de la non-opposition au point que le terme semble résulter d'une évolution parfaitement logique et naturelle, *sans anguille sous roche* !

L'application militaire de ce stratagème retourne, temporairement et à dessein, les statuts d'attaquant et de défenseur. *Le Roman des trois royaumes*[1] relate comment un agresseur incapable d'emporter la décision face à un adversaire solidement retranché, s'engagea dans une série de harcèlements timides suivis de dérobades systématiques pour accréditer le doute sur ses capacités effectives. Ne supportant plus ces escarmouches constantes et jamais décisives, et oubliant la réalité du rapport des forces, le défenseur voulut livrer bataille en rase campagne. Abusé par des succès tactiques mineurs, il se transforma en attaquant sans en avoir les atouts et c'est ainsi qu'il fut défait ! Pour le stratège, le processus se déroule en trois temps. Tout d'abord livrer les signes d'un renoncement apparent au statut d'attaquant, puis agir pour que s'instille dans l'esprit adverse la conviction que la distribution des rôles a changé. Lorsque l'autre sort de sa réserve, l'assaillant initial le redevient et l'emporte dans un contexte devenu favorable. Sur ce modèle, les Normands venus de France gagnèrent la bataille

---

1. Classique chinois, voir bibliographie.

d'Hastings qui leur livra l'Angleterre au XIe siècle de l'ère chrétienne. Une fausse retraite incita les Saxons à rompre le rang au travers d'une sortie jusqu'au moment où les prétendus fuyards se retournèrent pour affronter des troupes désorganisées par l'illusion d'une victoire facile !

L'usage de ce stratagème est beaucoup plus courant que l'on pourrait le penser tant les situations où se retrouvent hôtes et invités sont nombreuses et variées. C'est pourquoi son étude est fort utile, ne serait-ce que pour s'en préserver ! De manière générale, son mécanisme ne s'impose jamais violemment et l'invité peut être loué pour son efficacité à se révéler comme l'homme ou la femme de la situation. De par sa position originellement extérieure, il est à même de lire la situation sans pâtir des contentieux qui peuplent les placards de la vie en société. Personnage neuf, il condense sur lui ce qui n'était pas assumé jusque-là et son réseau se met en place jusqu'à le transformer en Maître de Céans ! D'inutile, il se fait indispensable sous le couvert et avec la complicité des besoins mêmes du théâtre d'opération où il pénètre insidieusement. Tout au long du processus, il s'agit pour lui de ne jamais perdre la main et de ne pas se tromper de rythme. Pour se prémunir d'un tel stratagème, il convient de revenir une fois de plus au constat de Sun Tzu selon lequel l'invincibilité, tâche première du stratège, dépend de soi, et les opportunités de gains : des erreurs adverses !

23 (31)

LA FAVEUR FATALE

Nul homme ne peut traverser, indemne et insensible,
le Défilé des Belles.

Un pas en arrière crée les conditions d'un bond futur.
Proverbes chinois

O dieux, donnez-moi la sérénité d'accepter ce que je ne puis changer, le courage de changer ce que je puis et la sagesse d'en connaître la différence
« Prière de la sérénité » attribuée
à l'Empereur Marc-Aurèle

Céder ce que l'on a déjà perdu – Investir dans l'abandon – Acheter du temps avec une faveur – La soumission gagnante – Venin sur un plateau d'argent – Dégager une avenue fatale – Sacrifice criminel – La stratégie du calife – *Vider*

Stratagème de la belle – User de la séduction d'une jolie femme – Aller au devant des désirs de quelqu'un dans un but inavoué – The beauty trap – Use the beauty to ensure a man – Utilizar una mujer para tender una trampa a un hombre – A trama da beleza.

Le parti du Président de la République a perdu les élections législatives et le chef de la nouvelle majorité, fort de la légitimité des urnes, vient lui soumettre le projet de liste des membres de son prochain gouvernement. Celui qui est appelé à devenir Premier Ministre sait que le chef de l'exécutif est un politique redoutable, et c'est avec une volonté de fer qu'il se prépare à défendre ses choix. Certaines personnalités sollicitées pour des postes importants dérangent le Président, mais qu'à cela ne tienne puisque clairement il y a un gagnant et un perdant.

Contre toute attente, la prise de contact, courtoise, est sans froideur. Dans son élan, le chef de la nouvelle majorité propose d'emblée les noms qui fâchent. Surprise, le premier est accepté, puis le deuxième, le troisième… La perspective de l'affrontement disparaît et la discussion porte sur le contenu des dossiers à traiter en priorité. Le chef du parti majoritaire, satisfait de la considération dont fait preuve le détenteur de la fonction présidentielle, se détend au point de reconnaître qu'il a affaire à un homme sage et intelligent. Dans ce climat d'entente cordiale, le Président sollicite alors, simple détail, quelques nominations difficilement réfutables au regard de la relation constructive qui s'établit. La stratégie de reconquête vient de marquer ses premiers points et la défaite du Président relève dès lors de l'histoire, pas du présent, encore moins du futur.

Pour abaisser, d'abord élever
Tao Te King

> Après avoir sérieusement défait les Romains, Hannibal s'établit à Capoue dans l'extrême sud de la péninsule italienne pour jouir en toute quiétude des fruits de ses victoires et de son emprise sur tout le pourtour de la Méditerranée occidentale. Cette pause crée un vide favorable, un répit pour une Rome humiliée qui considère n'avoir perdu qu'une bataille, pas la guerre. Se refusant à se risquer dans un nouvel affrontement direct, en un sursaut désespéré, elle lance une offensive en Espagne pour couper les communications terrestres carthaginoises, en mettant à profit l'avantage naval dont elle dispose. Sur ce théâtre lointain, le rapport des forces lui est favorable. C'est ainsi que la cité défaite construit l'avantage stratégique qui lui permet ensuite d'annihiler la puissance d'Hannibal de manière conventionnelle, dans une confrontation terrestre qui assure sa domination sur l'Afrique du Nord.

Dans une situation désespérée, rassembler ses dernières forces en vue d'un affrontement héroïque ultime sert la cause du vainqueur qui dispose de tous les atouts, de la liberté d'action et de l'économie des forces. Contraire à la sagesse, cet effort suprême représente le meilleur des points d'appui pour que celui-ci en finisse une bonne fois pour toutes. Il ne tombe pas sous le sens de considérer la déroute comme les prémices d'une possible victoire. C'est pourtant là que le stratège se révèle ! En faisant la part du feu et en préservant l'essentiel, il se consacre à un nouveau chapitre qui enterre le précédent fâcheux de la défaite, alors qu'un engagement classique (*Zheng*) concrétiserait plus encore l'humiliation au risque de la rendre définitive. Il est plus astucieux d'*offrir* au dominant de parvenir à ses fins en plein éclat dans des circonstances qui finiront par l'enchaîner, par consommer sa puissance et en dévier le cours (manœuvre *Ji*). Temporiser atténue les effets de la défaite et travaille aux conditions de la réparation. En se refusant au mirage d'une montée aux extrêmes, d'une crispation à l'issue fatale, ce qui a été perdu dans la lumière peut être regagné dans l'ombre.

En anticipant les effets d'une défaite avant qu'elle soit pleinement consommée, le stratège induit chez le conquérant le sentiment d'un gain de temps. « Va, je ne te hais point », concède Chimène à Rodrigue. Ainsi, le meurtrier de son père, démuni par tant de complaisance, ne peut plus rien exiger d'elle. En réalité, si le vainqueur économise un peu de temps tactique et immédiat, le vaincu en acquiert dans la dimension stratégique, globale, moyen-long terme. Il sauvegarde les restes de son potentiel, sans les compromettre, et s'installe dans un processus où sa liberté d'action, alors au plus bas, ne peut plus qu'augmenter.

Privé de raison d'être, la concentration adverse tend à se déliter pour passer à autre chose. Les valeurs viriles ne sont plus polarisées par le combat mais par la gestion ou le *repos du guerrier*. Les flots de la fougue belliqueuse se dérivent dans les canaux multiples et accaparants de la gestion des affaires ou des délices de Capoue. Les signes de la résignation apparente périment l'actualité d'un affrontement *yang* contre *yang*. L'attitude *yin* exalte le *yang* opposé qui se révèle dans toute sa majesté, mais subrepticement, elle accélère les conditions de sa transformation en son contraire-complémentaire (*yin*). La faiblesse croît à l'intérieur de la force, dès lors que le vainqueur quitte la lutte pour l'administration dans le cas du Premier Ministre, ou les plaisirs pour Hannibal.

Selon les circonstances, il est mille manières de décliner un tel stratagème. L'image du cadeau empoisonné en rend compte, comme dans le cas de la promotion d'une personne dont on escompte secrètement la perte. L'inversion « élève pour abaisser » comme le recommande le Tao Te King. Ce procédé fatal est si redoutable que les victimes s'en sortent rarement. Par le don plutôt que la défense, l'anticipation délégitime l'effort et endort la vigilance adverse. Cette tournure d'esprit n'est pas l'apanage exclusif de la culture chinoise. Comment oublier l'impact politico-stratégique profond de Nicolas Machiavel sur le savoir-faire politique européen. Combien de présidents ou de chefs de partis contraints par un rival, négligèrent cette sage et rusée recommandation de l'honorer par une nomination dans une fonction exposée et risquée pour mieux le perdre !

Vizirs, dauphins ou premiers ministres n'ont d'autre horizon de progression que d'être *calife à la place du calife*. Une autre vérité historique, tout aussi profonde, veut que de tout temps les califes aient toujours voulu continuer à être calife ! Le dilemme du dauphin est de savoir partir à point, tout en comptant aussi sur le Ciel, soit dans la pensée chinoise sur les aléas, l'imprévisible et le hasard. Mais le calife, tant qu'il demeure calife, reste le maître des horloges. La tentation du coup d'État, pour séduisante qu'elle soit et outre les dangers qu'elle comporte, affecte et quelque part dévalorise le prestige et la légitimité du statut convoité. Il est malaisé de défendre la fonction supérieure que l'on sert tout en attaquant celui qui en est dépositaire et qui, dans son immense mansuétude et sagesse, l'a nommé à son rang de vizir. Brutus le parricide peut difficilement se draper dans la toge ensanglantée de César, et imposer le respect !

Abandonner ce à quoi l'on tient pour sauver l'essentiel, relève typiquement de la dernière famille de stratagèmes : celle de la dernière chance ou du tout pour le tout ! En limitant délibérément sa liberté d'action, un stratège prive l'autre de la possibilité de le faire pour en tirer gloire et profit. Cette concession tactique se traduit en crédit stratégique, l'un accumule quand l'autre dépense. En allant si bien au-devant des désirs d'un rival dange-

reux, on *masse son ego* en le rendant manipulable…
Le déséquilibre entre le don et l'effet escompté à
terme est sans commune mesure. Un épisode de
l'histoire chinoise mentionne comment un empereur affaibli mit une femme entre deux de ses plus
grands féodaux en la promettant à chacun d'eux en
des temps différents. Aveuglés par une passion,
convenablement alimentée, ceux-ci finirent par
s'entre-tuer. Ce que la force militaire ne pût obtenir, la beauté d'une femme le permit de manière à
la fois économique et efficace.

Plutôt que s'attaquer au mur puissant d'un
barrage fait pour résister et contenir, *s'adresser à
l'eau* qui est derrière en favorisant son écoulement.
Le courant, faible au début, deviendra de plus en
plus fort, et la voie jusque-là étroite, se creusera au
point que le barrage, sans raison, tombera en
désuétude. Ainsi en va-t-il des plus fortes résistances et déterminations. Les prendre frontalement les
justifie et met en cohérence leur pourquoi (*yang*),
tout en leur octroyant la possibilité de l'exprimer !
En abandonnant ce qui est de toute façon pratiquement déjà perdu, on amollit la détermination
adverse jusqu'à la rendre obsolète. L'élégance et la
sagesse de ce stratagème enseignent à ne pas s'évertuer à défendre l'indéfendable, tout en en tirant un
dernier profit avant de se concentrer sur le possible.

24 (32)

LA DÉCEPTION PARADOXALE

*Lorsque le roi est nu,
parader est le seul atout qui lui reste*
Proverbe chinois

Fausse anguille sous roche – Le vide déroute le plein – Suppression du point d'appui de la force – La faiblesse emporte la décision – Stratagème du rien pour le tout – Killing applications – *Décevoir*

Montrer la ville déserte à l'ennemi – Tendre une embuscade à l'adversaire en montrant son point faible – Open the gate of an undefended city – Empty-city scheme – Empty city ploy – The empty city fort ploy – Estrategia de la casa con techo de paja – Abrir de par en par las puertas de una ciudad vacia / Aparenta que tu fortaleza esta vacia – A trama da cidade vazia.

Zhuge Liang, expert en ruses, sait que son ennemi mortel Sima Yi arrive sur les hauteurs qui dominent la cité où il se retrouve coupé du gros des forces de son souverain. Le déséquilibre des forces est criant et la défense à l'abri des remparts est illusoire. Alors que la défaite s'annonce, Zhuge Liang, paisible et en habits de soie, se fait porter un luth sur une tour bien dégagée des fortifications et ordonne, sous peine de châtiments exemplaires, à chacun de vaquer calmement à ses occupations comme si de rien n'était. La soldatesque se fera invisible, aucune préparation au combat ne doit transparaître, et toutes les portes de la cité seront maintenues grandes ouvertes. Avant que les rumeurs de l'approche ennemie ne parviennent, il a déjà entonné plusieurs chants, accompagné de son luth.

Confiant dans la victoire, Sima Yi apprend que Zhuge Liang est concentré dans l'exécution de pièces musicales complexes et se désintéresse de l'agitation à l'entour, tout comme les habitants, apparemment peu concernés par les mouvements hostiles qui convergent vers la cité. Le bétail, pourtant essentiel en temps de guerre, n'a même pas été rapatrié à l'intérieur des murs ! Par prudence on ordonne un arrêt momentané de la progression offensive. Que se passe-t-il donc ? Au lieu d'un affolement général, de fuite désordonnée ou de dispositions défensives, ce calme est trompeur. Zhuge Liang est trop fin stratège pour ne pas cacher une ruse redoutable, mais où et comment la débusquer ? Le doute saisit les troupes habituées à profiter de l'effroi et de la panique pour s'engager dans des attaques animées par le courage confiant de qui sait la partie gagnée. La perspective du butin facile se brouille et l'esprit de garde se propage déjà. Sima Yi a beau fouiller de sa longue-vue remparts, portes et déclivités permettant de cacher des soldats, rien ne lui permet d'identifier l'artifice alors que Zhuge Liang s'est fait rejoindre par d'autres musiciens.

Par précaution, les troupes d'attaque reculent de quelques centaines de mètres. L'incertitude grandit alors que tout indiquait une conquête aisée. Paradoxalement, rien ne permet de déceler la moindre crainte dans la cité. Quelques soldats déguisés en marchands en reviennent pour témoigner que tout y est en ordre. Le doute paralyse le mouvement tant ce qui est observable est contraire à la logique. Sur la tour, ce damné de Zhuge Liang se fait à présent servir le thé et rejoindre par quelques courtisanes alors que le soir s'annonce. Le piège ne manquera pas de se déclencher une fois l'obscurité tombée, conclut Sima Yi qui se décide immédiatement à la retraite !

Une situation de dernière extrémité signifie retraite impossible, combat fatal, ou… ruse délibérément très osée. Comment, dans un vrai dénuement, ne pas se laisser imposer le jeu par l'adversaire ? Comment prendre une initiative de défense alors que la balance des moyens est si défavorable ? Le stratagème de la déception paradoxale consiste, non pas à s'efforcer de paraître plus fort et menaçant que l'on est, mais plus faible encore que dans la réalité. Dans l'incapacité de concevoir un plan d'action classique (*Zheng*) crédible, cette option *Ji* dispose l'adversaire de telle sorte qu'il conçoive et accrédite lui-même l'existence d'un piège pour combler et donner forme au vide (*yin*) effrayant qu'il rencontre. En l'absence de dispositions visibles pour s'y confronter, l'attaquant se sent contraint de chercher et au besoin d'imaginer ce qu'il ne perçoit pas. Ce stratagème s'articule en deux temps : ne rien afficher que l'autre attend, puis l'inciter par une mise en scène à inventer une manigance qui n'existe pas, ce qui peut aussi le conduire à révéler ses propres craintes et vulnérabilités, en l'occurrence : la peur du savoir-faire stratégique fameux de Zhuge Liang. Rien n'empêche, dans un troisième temps, de profiter du succès du stratagème pour réduire l'adversaire.

Lorsqu'une impuissance s'affiche au grand jour, alors qu'elle se trouve dans le plus extrême des périls, qui veut en venir à bout se voit privé d'un point d'appui pour l'exercice de sa supériorité. En n'accordant aucune prise à la rage adverse et en l'ignorant souverainement, Zhuge Liang inocule le virus d'un doute d'autant plus redoutable qu'il n'est accrédité par rien ! Inversant les qualités et les places respectives du réel et de l'apparent, de la puissance et de la débilité, il induit une mutation dans la *perception adverse*. La vulnérabilité suprême se transforme en la plus dérangeante des intimidations pour aboutir à une dissuasion d'autant plus décisive que non manifestée ! Cette posture déconcerte et déstabilise un agresseur en force qui y perd ses repères, sa confiance en l'élan et sa foi dans une victoire à portée de main. Confronté à des signes paradoxaux, il subodore le piège, une manœuvre *Ji* (ce qui est vrai), et se heurte à la question impossible du comment soumettre ce qui n'est ni discerné ni estimable (mais qui n'existe pas). Où appliquer l'effort, où se diriger, où frapper, mais, beaucoup plus grave : où et comment se garder ? Une menace informelle et non localisée est susceptible de s'actualiser n'importe où et de n'importe quelle manière. Pour s'en prémunir il convient par conséquent de diviser ses moyens et d'abandonner une posture exclusivement offensive.

Le plus machiavélique dans ce stratagème est que la définition de la nature, de la mesure et des formes du danger incombe… à l'agresseur lui-même ! Puisque l'agressé se décharge complètement de cette responsabilité, c'est à l'autre qu'il revient de pallier cette carence ! La stratégie étant affaire d'interaction des volontés, si l'une d'entre elles se dérobe à son rôle, l'autre se doit de combler ce manque. Incapable d'action militaire faute de moyens, Zhuge Liang *confie* à Sima Yi la charge de la conception d'un supposé stratagème à son encontre. L'impuissance, soulignée et assumée à l'extrême, se convertit en énergie occulte. *Plus vraie que nature,* elle fait naître l'angoisse dans le camp qui précisément devait la semer, et l'agresseur perd le moyen d'apprécier et de mesurer la force qui lui est opposée.

Comme dans toute dissuasion[1], l'efficacité de cette ruse résulte non tant d'une action première sur l'autre mais d'abord sur soi-même ! Zhuge Liang n'offre aucun signe d'inquiétude ou de résistance. En agissant sur l'un des termes de l'interaction dans un sens apparemment incohérent, il génère le doute chez celui à qui le triomphe semblait promis à court terme. Les chances de succès d'un tel coup de poker reposent sur une théâtralisation confirmée. Le dispositif se fonde sur la propension spontanée à se méfier de ce qui s'affiche trop ouvertement ou que la mariée soit trop belle pour être honnête. L'agresseur déduit l'existence d'une manœuvre obscure (*Ji*) qu'il lui faut débusquer avant qu'il ne soit trop tard. L'initiative change de camp. L'absence de résistances visibles n'offrant aucun point d'appui à l'offensive, Sima Yi se retire *pour sauver l'essentiel* ! Les *killing applications*, qui confient au client l'administration de ses commandes, sont une illustration de ce stratagème. L'usage des technologies de l'information et de la communication, allège considérablement les coûts et charges de la gestion des transactions au profit d'une relation directe régie par la demande elle-même.

Le *stratagème de la ville vide* peut aussi s'appliquer à la séduction. Dans ce domaine de « la

---

1. Voir Fayard Pierre, *La maîtrise de l'interaction*, Zéro Heure Éditions, Paris, 2000.

drague », les termes, attitudes, conventions et approches sont tellement attendues et codifiées qu'elles ouvrent des avenues à la pratique du paradoxe. Le schématisme de la conquête des cœurs est si enfantin que s'en prémunir ou le déjouer est trop aisé ! La répartition des rôles y est figée, soit à l'opposée de la créativité tactique. La représentation d'une séduction centrée sur la figure du héros, homme ou femme, exhibant ses atouts et soumettant sa cible est d'une pauvreté lamentable et primaire, pour ne pas dire primate, qui fait fi de la richesse de l'autre, être autonome, volontaire, désirant, imaginatif et inventif. En termes d'économie des forces, cela revient à ne compter que sur la moitié du potentiel d'une interaction rabattue à la caricature d'une relation sujet-objet !

Aller à vide en la matière consiste à laisser à l'autre le soin d'indiquer et d'expliciter lui, ou elle-même, les formes et les chemins de son désir dans un espace non prédéterminé. Toute relation humaine étant par nature interactive, elle est soumise à la dynamique du *yin* et du *yang* s'attirant et se donnant naissance l'un et l'autre. Plutôt que d'appliquer de l'extérieur une stratégie sur une *cible*, laisser le champ libre à l'expression de celle-ci finit par l'impliquer d'autant plus fortement qu'il s'agit d'elle, de ses aspirations, de ses goûts ou de ses fantasmes… En d'autres termes, lui laisser le pinceau et la palette de couleurs en lui présentant la toile d'une réceptivité idéale où elle se trouvera bientôt trop impliquée pour se dérober. Et comment résister à la perspective de ses désirs possibles, jusqu'à ceux que l'on ignorait ?

Dans la mesure où elle permet de saisir en sous-main l'initiative des opérations, Sun Tzu recommande la pratique systématique de cette inversion. Donner à croire que l'on pense loin quand on vise près, paraître débile lorsqu'on est robuste... toujours dans le but, économique, de gagner à moindre coût du fait des dispositions inadéquates adverses. Éviter la prévisibilité passe par le monitoring de l'esprit ennemi, question centrale ! Au cours d'une discussion d'affaire, laisser penser que tout va bien et que la cause progresse. La confiance est d'autant bienvenue que la situation semblait fort complexe. Le partenaire se trouve dépourvu, saisi en plein relâchement, lorsque le stratège repart à l'offensive en termes durs. Dans le cas de la ville vide, la ruse s'appuie sur la propension commune à ne pas se fier à une faiblesse reconnue au grand jour. Un procédé visible et trop grossier ne saurait être innocent. Trop beau pour être vrai !

CONCLUSION
GRANDEUR DE LA FUITE

Une bonne retraite vaut mieux qu'un mauvais combat.
Proverbe chinois

La Longue Marche – Sauver les meubles !

> La fuite est la suprême politique / La fuite est le stratagème suprême / Faire des concessions pour mieux l'emporter ultérieurement / When retreat is the best / Retreat is the best option / Sometimes retreat is the best option / Running away as the best choice / Retirarse

Pour conclure ce voyage au cœur de la culture du stratagème dans le monde chinois traditionnel, faisons une ultime référence au trente-sixième d'entre eux qui conduit à l'essence de la ruse : l'économie. Mettre à l'abri ses moyens lorsqu'il n'existe pas d'autre solution est la suprême politique. Pour les Chinois, il s'agit là du *stratagème des stratagèmes* car l'entêtement est coupable. Acculé, et dans une situation sans espoir, Mao Tse Toung initia la Longue Marche pour sauver ce qui pouvait l'être en se mettant hors de portée physique de ses ennemis. En se dérobant à une interaction funeste dans ses effets, ce recul lui a permis de prendre ultérieurement un nouvel élan. Le coût de la manœuvre fut élevé mais créa les conditions d'un renouveau qui submergea à terme le camp nationaliste et assura la victoire de l'Armée Rouge. Au lieu de mourir en héros, le leader chinois s'est soustrait à la prégnance de l'initiative adverse. Il s'est comporté comme un sage plutôt que comme un héros qui meurt au combat et dont la saga nourrira les histoires que l'on se raconte : s'il avait gagné, l'histoire aurait peut-être pris un autre tour...

Lorsque se battre ou se rendre mène également à l'échec, à l'humiliation, voire à la disparition pure et simple, survivre et en assurer les conditions devient un impératif, car le bon sens veut que le stratège agisse pour réussir et non pour perdre. L'héroïsme est une criminelle imbécillité selon Sun Tzu s'il ouvre à une issue fatale et sans avenir. Envers et contre tout et quelles que soient les conditions, le stratagème trente-six enseigne qu'il y a toujours moyen d'agir et de faire quelque chose lorsque l'on garde l'esprit libre.

✸

Tout au long de ce livre, nous espérons avoir aidé à la compréhension du *comportement stratégique* propre à la culture du stratagème dans sa version chinoise. Celui-ci est fait d'idées si simples qu'il faut les méditer à maintes reprises afin de parvenir à les intégrer dans sa pratique. Il incite à raisonner globalement, sans se limiter aux termes d'une situation isolée ou à la considération exclusive des seuls protagonistes en conflit. Ce faisant, il ouvre à des marges de manœuvre favorables à la créativité. Il est aujourd'hui d'autant plus utile de *penser grand et diversifié* que le champ de la mondialisation, non seulement y est propice, mais nous y contraint. Cependant, cette dimension de l'espace n'est pas la seule pertinente pour le stratagème, il convient d'y ajouter celle du *temps qui transforme* et dont on peut se faire un allié comme il a été démontré dans ces pages.

L'inversion des contraires et l'action paradoxale caractérisent aussi cette pensée chinoise traditionnelle de la stratégie. Générateurs de liberté, ils s'opposent souvent aux comportements spontanés et à ce que l'on pense être *la logique des choses*. Enfin, la culture du stratagème incite à se distancier ou à se décentrer de son propre point de vue, afin de le considérer dans le cadre d'un champ plus vaste et de faire de même pour le jeu des autres acteurs. Cette indispensable intelligence représente l'une des conditions de la conduite de l'interaction des volontés.

L'étude du stratagème ouvre à des capacités insoupçonnées et nous ne voudrions pas terminer cet ouvrage sans insister à nouveau sur le fait que la stratégie est créative par nature, même dans la destruction. Lorsqu'elle est couronnée de succès, elle fait toujours appel à l'imagination. Elle existe parce que nous sommes des êtres volontaires tant au niveau individuel que collectif. C'est pourquoi il serait coupable de ne pas l'étudier dans ce qu'elle est et dans tout l'éventail de ses capacités.

Le lecteur a pu découvrir dans cet ouvrage quelques exemples de manipulations et autres manigances que l'on peut identifier dans la vie quotidienne. Par la suite, chacun est libre de ses valeurs, de ses choix, de ses modalités d'action et d'en tirer les conséquences. Au-delà du comment atteindre ses fins à moindre coût, la culture chinoise du stratagème est une voie de sagesse qui considère le court terme à partir de tout le potentiel du long terme et des transformations inévitables qui l'accompagnent. D'aucuns aiment y lire un chemin pour tenter de mieux penser, de mieux vivre et d'assumer ses responsabilités dans un monde riche en possibilités. Le plus bel enseignement de la stratégie est sans doute que la liberté ne saurait jamais être totalement réduite. Elle demeure toujours à l'état de graine et c'est déjà du potentiel !...

TABLEAU SYNOPTIQUE DES STRATAGÈMES, DE LEURS INTITULÉS ET DES HISTOIRES QUI Y SONT ASSOCIÉES

I. Stratagèmes de l'emprise

1. **Cacher dans la lumière** / Mener l'Empereur en bateau. *Ce qui est familier n'attire pas l'attention* — La lettre volée d'Edgar Poe est visible, donc elle n'est pas secrète.

2. **L'eau fuit les hauteurs** / Encercler Wei pour sauver Zhao. *Construire la victoire en se réglant sur les mouvements de l'ennemi* — L'offensive de Wei sur Zhao crée l'opportunité d'une attaque dans le vide de la défense de sa capitale.

3. **Le potentiel des autres** / Tuer avec une épée d'emprunt. *Si tu veux réaliser quelque chose, fait en sorte que d'autres le fassent pour toi.* — En accomplissant leur travail en toute bonne conscience, chercheurs, médecins et journalistes œuvrent objectivement aux objectifs d'un groupe pharmaceutique.

4. **Les vases communicants** / Attendre tranquillement un ennemi qui s'épuise. *Le stratège attire*

l'ennemi, il ne se fait pas attirer par lui. – Le président sortant, candidat à sa réélection, attend que les prétendants épuisent leurs cartouches avant de se déclarer en connaissance de cause et de l'emporter.

5. **Le chaos fertile** / Piller les maisons qui brûlent. *La première tâche consiste à se rendre invincible, les occasions de victoire sont fournies par les erreurs adverses* – Un politique ambitieux s'engage dans le camp défait (vide) car plus porteur à terme que celui de la victoire (plein).

6. **La stratégie adore le vide** / Mener grand bruit à l'Est pour attaquer à l'Ouest. *Celui qui sait quand et où s'engager fait en sorte que l'autre ignore où et quand se défendre.* – La cité assiégée impatiente, qui attend depuis longtemps de connaître la direction de l'offensive, n'est plus critique sur les signaux qu'elle reçoit enfin !

II. Stratégèmes du fil du rasoir

7. **Créer à partir de rien** / Transformer le mirage en réalité. *Toute chose dans l'univers a été créée à partir de quelque chose qui vient du néant.* – Le conseiller au chômage crée une illusion qui suscite un mouvement qui le rend riche puis indispensable.

8. **Vaincre dans l'ombre** / Montée discrète à Chen Cang. *Attaquer en pleine lumière, vaincre en secret.* – Le Royaume de la Montagne fait ostensiblement

réparer le pont de connexion avec le Royaume de la Plaine, puis l'envahit à partir d'un chemin escarpé.

9. **Profiter de l'aveuglement** / Observer l'incendie sur la berge en face. *Le bon stratège maîtrise l'art du délai.* – Le Martin-pêcheur et l'huître s'obstinent dans leur affrontement, la chouette et les crevettes les dévorent à la fin.

10. **Le sourire du tigre** / Cacher une épée dans un sourire. *La bouche est aussi douce que le miel, mais l'estomac est aussi dangereux que le sabre.* – Le dictateur fait exécuter publiquement qui lui conseille d'attaquer son voisin, puis annexe celui-ci.

11. **Qui sait perdre gagne** / Sacrifier le prunier pour sauver le pêcher. *Sacrifier les détails pour réaliser de grands desseins.* – Le sacrifice consenti du faible annule la force majeure adverse et crée les conditions de la victoire.

12. **La chance se construit** / Emmener un mouton en passant. *L'occasion fait le larron.* – Le candidat stagiaire adapte sa proposition en fonction de l'actualité de l'entreprise qu'il découvre.

III. Stratagèmes d'attaque

13. **La pince des louanges** / Battre l'herbe pour débusquer le serpent. *Faire s'envoler avec des louanges puis saisir par des pinces.* – En qualifiant de cheval le cerf qu'il offre au roi, le comploteur compte ses alliés à la cour.

14. **Le potentiel du passé** / Redonner vie à un cadavre. *Celui qui peut agir ne se laisse pas manipuler. Celui qui ne peut plus rien faire supplie qu'on l'utilise.* – Visitée en rêve, Jérusalem devient une cité sainte de la nouvelle religion.

15. **La victoire par la situation** / Amener le tigre à quitter la montagne. *Le général ne demande pas la victoire à ses soldats mais à la situation.* – Xénophon dispose le reste de ses troupes le dos à la montagne pour vaincre psychologiquement les Perses.

16. **Lâcher pour saisir** / Laisser courir pour mieux saisir. *Avant de détruire, il faut construire ; avant d'affaiblir, il faut consolider ; avant de prendre, il faut donner.* – Une brèche dans un siège crée un espoir grandissant qui affaiblit la volonté des encerclés d'en découdre.

17. **Du plomb pour de l'or** / Jeter une brique pour ramasser du jade. *Octroyer un avantage momentané pour assurer une victoire durable ultérieure.* – En séduisant la secrétaire, le chercheur obscur prend rendez-vous avec une sommité scientifique.

18. **Le poisson pourrit par la tête** / Pour capturer les bandits, mettez d'abord la main sur leur chef. *Modeler l'esprit du général adverse.* – En s'associant aux malades, le groupe pharmaceutique acquiert la connaissance tacite de leurs affections.

IV. Stratagèmes de la dernière extrémité

19. **Travailler en montagne** / Retirer les bûches sous le chaudron. *La faiblesse l'emporte sur la force* – Le sage africain voit les racines du baobab, le reporter français décrit son tronc et ses branches.

20. **La confusion opportune** / Troubler l'eau pour attraper les poissons. *Les temps difficiles créent les héros* – En prenant la cause du braqueur, une cliente sauve ses économies.

21. **Enrôler la force adverse** / Orner de fleurs un arbre sec. *En l'absence de troupes, utilise celle de ton ennemi.* Les gnous détalent devant le Renard accompagné docilement par le Lion.

22. **Rendre l'inutile indispensable** / Échanger les places de l'hôte et de l'invité. *Rien ne se perd, rien ne se crée, tout se transforme.* Le presque SDF crée son statut en remplissant les vides dans la gestion de son amphitryon.

23. **La faveur fatale** / Stratagème de la belle. *Un pas en arrière crée les conditions d'un bond futur* – En accordant des faveurs qu'il n'est pas en mesure de refuser, le président qui a perdu les élections reprend l'initiative.

24. **La déception paradoxale** / Stratagème de la ville vide. *Lorsque le roi est nu, parader est le seul atout qui lui reste* – À l'approche d'une armée ennemie à la supériorité écrasante, le général laisse les portes de la cité grandes ouvertes et s'en va jouer du luth sur la plus haute tour.

Conclusion

25. Grandeur de la fuite / La fuite est la suprême politique. *Une bonne retraite vaut mieux qu'un mauvais combat.* – Acculé, Mao Tse Toung s'engage dans une longue marche qui lui assure les moyens d'une renaissance future.

Bibliographie

Chine et stratagèmes

ALLIAGE (revue, n° 41-42, Transculturel n° 1), *Dialogue euro-chinois*, Nice, 2000.

BRESLER Fenton, *La Mafia chinoise*, Ed. Philippe. Picquier, Arles, 1991.

BIERNATH Guy, *Go et entreprise, pour une nouvelle conception stratégique*, édité par l'auteur, 1990.

BODARD Lucien, *La Vallée des roses*, Grasset, Paris, 1977.

BOORMAN Scott A., *Gô et Mao : pour une interprétation de la stratégie maoïste en termes de jeu de gô*, Le Seuil, 1972.

BRAHM Laurence, J., *Negociating in China : 36 strategies*, Naga Group Limited, Hong Kong, 1996.

CAI Zhizhong, *Sun Tzu : l'art de la guerre* (dessins de Tsai Chih Chung, texte traduit par Claude Maréchal), Ed. Carthame, Villars-les-Dombes, 1993.

CLEARY Thomas (version de), *L'Art de gouverner : le livre des maîtres du Sud-de-Houai*, Calmann-Lévy, Paris, 1999.

CLEARY Thomas, *El Arte de la estrategia : ideas creativas basadas en la antigua sabiduria china*, EDAF, Madrid, 1996.

FAULIOT Pascal, *Les Contes des arts martiaux*, Albin Michel, Paris, 1984.

GERNET Jacques, *L'Intelligence de la Chine : le social et le mental*, Gallimard, 1994.

GRANET Marcel, *La Pensée chinoise*, Albin Michel, Paris, 1980.

HAN Fei, *Han Fei tse ou le Tao du prince*, Jean Levi. Le Seuil, Paris 1999.

HAN Suyin, *Le Siècle de Zhou Enlai*, Stock, Paris, 1993.

JAVARY Cyrille & FAURE Pierre, *Yi Jing : le livre des changements*, Albin Michel, Paris 2002.

JULLIEN François, *Traité de l'efficacité*, Grasset, 1997.

KAMENAROVIC Ivan P., *Le Conflit, perception chinoise et occidentale. Le conflit, perceptions chinoise et occidentale*, Ed. du Cerf, Paris, 2001.

KIRCHER François, *Les Trente-Six Stratagèmes : traité secret de stratégie chinoise*, Lattès, 1991.

KOUAN-TCHONG Louo, *Les Trois Royaumes*, Flammarion, 1987.

LAU D.C. & AMES Roger T., *Sun Pin, The Art of Warfare*, Ballantine Books, New York, 1996.

LAO TSEU, *Tao Te King : le livre du Tao et de sa vertu*, Dervy, Paris, 1978.

MARIN Armel & DECROIX Pierre, *L'Art subtil du management, le jeu de go comme modèle*, Ed. d'Organisation, Paris, 1988.

MAO Zedong, *Écrits militaires*, Ed. Langues Étrangères, Pékin, 1964.

MAO Zedong, *Cinq Essais philosophiques*, Ed. Langues Étrangères, Pékin, 1971.

NEEDHAM Joseph, *Dialogue des civilisations Chine-Occident : pour une histoire œcuménique des sciences*, La Découvert, Paris, 1991.

NIQUET Valérie, *Cao Cao et Quan Li, deux commentaires de Sun Zi*, Économica, Paris, 1994.

PHÉLIZON Jean-François, *Trente-Six Stratagèmes*, Economica, Paris, 2000.

REYSSET Pascal, *Le Go aux sources de l'avenir*, Algo, Villiers-le-Bel et Chiron, Saint-Quentin-en-Yvelines, 1992.

SAWYER Ralph D., *The Six Secret teaching of the way of strategy : a manual from ancient China in the tradition of the art of war*, Shambhala, Boston & London, 1997.

SUN HAICHEN (compilé et traduit par), *The Wiles of war : 36 military strategies from ancient China*, Foreign Languages Press, Beijing, 1993.

SUN TSE, *L'Art de la guerre*, (texte traduit par Jean Joseph Marie Amiot, préface et commentaires de Gérard Chaliand), Pocket, Paris, 1993.

SUN TZU, *L'Art de la guerre*, (traduit de l'anglais, préface et introduction par Samuel B. Griffith, avant-propos de B.H. Liddell Hard), Flammarion, Paris, 1978.

SUN TZU, *L'Art de la guerre*, (traduit et présenté par Jean Lévi), Hachette Littérature, Paris, 2000 *(version recommandée par l'auteur du présent ouvrage)*.

SUN TZU, *El Arte de la Guerra*, Fundamentos, Madrid, 1994.

SUN TZU, *A Arte da Guerra*, Editora Record, Rio do Janeiro & Sao Paulo, 1999.

SUN TZU, *L'Art de la guerre*, (traduction du chinois et édition critique par Valérie Niquet, introduction de Maurice Prestat), Économica, Paris, 1988.

SENGER Harro von, *Stratagèmes : trois millénaires de ruses pour vivre et survivre*, InterEditions, 1992.

SHI BO, *Trente-Six Stratagèmes chinois : comment vivre invincible.* Quimétao, Paris 1999.

XIAOCHUN MA, *The Thirty-six Stratagems applied to Go*, Yutopian Enterprises, Santa Monica & California, 1996.

XUANMING Wang (version de), *Secret art of war : thirty-six stratagems*, Asiapac Comic Series, Singapore, 1996.

XUANMING Wang (version de), *The Art of management, Sixteen Strategies of Zhuge Liang*, Asiapac Comic Series, Singapore, 1994.

XUANMING Wang (version de), *Brillant Tactics in action, 100 strategies of war*, Asiapac Comic Series, Singapore, 1994.

XUANMING Wang (version de), *The Practice of effective leadership : six strategies for war*, Asiapac Comic Series, Singapore, 1994.

XUANMING Wang (version de), *The Art of government : three strategies of Huang Shi Gong*, Asiapac Comic Series, Singapore, 1995.

YATES Robin D.S., *Five Lost Classics : Tao, Huang-Lao, and Yin-Yang in Han China*, Ballantine Books, New York, 1997.

YUAN DAO, *Tracing Dao to Its Source*, Ballantine Books, New York, 1998.

GULIK Robert van, *Trois Affaires criminelles résolues par le juge Ti*, Christian Bourgeois, Paris, 1987.

WEE Chow Hou & LAN Luh Luh, *The 36 Strategies of the Chinese : adapting ancient Chinese wisdom to the business world*, Singapore, 1999.

Stratégie

BEAUFRE André, *Introduction à la stratégie*, Économica, Paris, 1985.

BRAVO Carmen (version de), *Calila y Dimna*, J.-J. de Olañeta, Barcelona, 1990.

CHALIAND Gérard, *Anthologie mondiale de la stratégie : des origines au nucléaire*, Robert Laffont, Paris, 1990.

CLAUSEWITZ Carl von, *De la Guerre*, Ed. de Minuit, Paris, 1955.

CORBETT Julian, *Principe de stratégie maritime*, Économica, Paris, 1983.

DA MATTA Roberto, *Carnavais, Malaudros e Herois. Para uma sociologia do dilema brasileiro*, Rocco.

DETIENNE Marcel & VERNANT Jean-Pierre, *Les Ruses de l'intelligence, la métis des Grecs*, Flammarion, Paris, 1974.

FACHINELLI Ana-Cristina, *L'Agilité stratégique. Un concept intégrateur pour les nouvelles conditions de la stratégie de l'information et de la communication dans les organisations*, Thèse de doctorat, Université de Poitiers, 2000.

FADOK David S., *La Paralysie stratégique par la puissance aérienne, John Boyd et John Warden*, Économica, Paris, 1998.

FAYARD Pierre, *Le Tournoi des dupes*, L'Harmmattan, Paris, 1997.

FAYARD Pierre, *La Maîtrise de l'interaction. L'information et la communication dans la stratégie*, Zéro Heure Éditions Culturelles, Paris, 2000.

FRONTIN, *Les Stratagèmes*, Économica, Paris, 1999.

GRACIAN Baltasar, *L'Homme de cour*, Ivrea, Paris, 1993.

BÂ Amadou Hampâté, *L'Étrange Destin de Wangrin*, 10/18, Paris, 1998.

HUYGHE François-Bernard, *Écran/Ennemi : terrorismes et guerres de l'information*, Zéro Heure Éditions Culturelles, Paris, 2002.

JACQUART Roland, *La Guerre du mensonge, histoire secrète de la désinformation*, Plon, Paris, 1986.

LAWRENCE Thomas E., *Les Sept Piliers de la sagesse*, Payot, Paris, 1989.

LUTTWAK Edward N., *Le paradoxe de la stratégie*, Odile Jacob, Paris, 1989.

LYAUTEY Louis-Hubert, *Le Rôle social de l'officier*, Éd. Christian de Bartillat, Paris, 1994.

KAPFERER Jean-Noël, *Rumeurs : le plus vieux média du monde*, Le Seuil, Paris, 1987.

KAUTILYA, *Arthasastra : Traité politique et militaire de l'Inde ancienne*, Ed. du Félin, Paris, 1998.

KHAWAM René R., *Le Livre des ruses : la stratégie politique des Arabes*, Phébus, Paris, 1995.

HAWRÂNI Abd al-Rahim, *Les Ruses des femmes*, Phébus, Paris, 1994.

MACHIAVEL Nicolas de, *Discours sur la première décade de Tite Live*, La Plage, Paris, 1997.

MARCON Christian et MOINET Nicolas, *La Stratégie-réseau*, Zéro Heure Éditions Culturelles, Paris, 2001.

PINGAUD François, *L'Awélé : jeu de stratégie africain*, Bornemann, Paris, 1996.

PINGAUD François & REYSSET Pascal, *L'Awélé : le jeu des semailles africaines*, Algo, Villiers-le-Bel et Chiron, Saint-Quentin-en-Yvelines, 1993.

RETSCHITZKI Jean, *Stratégies des joueurs d'awélé*, L'Harmattan, Paris, 1990.

SHOPENHAUER Arthur, *L'Art d'avoir toujours raison*, Mille et une nuits, Paris, 1998.

SHULTZ Richard H. & GODSON Roy, *Dezinformatsia : mesures actives de la stratégie soviétique*, Anthropos, Paris, 1985.

THUCYDIDE, *Histoire de la guerre du Péloponnèse*, Flammarion, Paris, 1991.

VOLKOFF Vladimir, *Le Montage*, Julliard, Paris, 1982.

VOLKOFF Vladimir, *La Désinformation comme arme de guerre*, Julliard, Paris, 1986.